富足

内有智慧,外有方法,成为富足的人

吴军 / 著

中信出版集团 | 北京

图书在版编目（CIP）数据

富足 / 吴军著 . -- 北京：中信出版社，2023.1（2025.1重印）
ISBN 978-7-5217-5112-3

Ⅰ.①富… Ⅱ.①吴… Ⅲ.①企业管理－通俗读物
Ⅳ.① F272-49

中国版本图书馆 CIP 数据核字 (2022) 第 248406 号

富足
著者：　吴军
出版发行：中信出版集团股份有限公司
　　　　　（北京市朝阳区东三环北路 27 号嘉铭中心　邮编　100020）
承印者：　北京盛通印刷股份有限公司

开本：880mm×1230mm 1/32　　印张：10.75　　字数：183 千字
版次：2023 年 1 月第 1 版　　　　印次：2025 年 1 月第 17 次印刷
书号：ISBN 978-7-5217-5112-3
定价：59.00 元

版权所有·侵权必究
如有印刷、装订问题，本公司负责调换。
服务热线：400-600-8099
投稿邮箱：author@citicpub.com

谨献给我的读者

目录

前言 / V

成为富足的人

01
理解规律

用数学思维认识世界

做事永远不要忽视负数 / 003

你与亿万富翁的距离 / 009

做减法比做加法重要 / 015

善用杠杆，事半功倍 / 025

破解 35 岁中年危机 / 034

线性成长的局限性 / 045

用乘方思维扩大影响力 / 049

02
正确决策

凡事皆有成本

做决定前，先考虑成本 / 059

如何让回报大于成本 / 062

没有体量创造不了奇迹 / 070

最好的投资是自己的专业 / 077

不要试图战胜市场 / 082

不怕慢，就怕停，更怕反复 / 092

可重复的成功 / 098

可叠加的进步 / 109

04

做事方法

先动脑还是先动手

手先于脑,有效学习 / 179

脑先于手,理性思考 / 186

太初有为:行动才是答案 / 196

问题的解决,不只靠脑子 / 205

学会跳出问题看问题 / 214

03

认知跃迁

经历和经验

经验比理性更重要 / 123

经历不等于经验 / 132

失败不是成功之母 / 142

如何做好有效复盘 / 151

不要轻视常识 / 155

失效的经验:常识需要更新 / 159

点石成金:变经历为经验 / 165

05

重塑能力
改变固有的行为模式

把钱变成知识和把知识变成
　钱的区别 / 227

什么是真正的从 0 到 1 / 234

大众需求与小众需求 / 241

关键路径和替代方案 / 251

做大事和做小事的心态 / 260

人生算法能够改变吗 / 267

06

理性判断
分清幻象与现实

不要把幻象当作现实 / 277

走出认知的洞穴 / 284

精英永远是少数人 / 288

真相是否能拆穿谣言 / 298

辨别信息真假的有效手段 / 306

现实世界的复杂性 / 310

学会用系统思维看问题 / 315

奥卡姆剃刀原则：简单成就高效 / 321

前言

成为富足的人

从2016年开始,我陆续出版了《见识》《态度》《格局》三本书,并且有幸受到广大读者朋友的认可。6年来,这三本书已经累计销售300万册,很多读者朋友表示,读了它们之后开始以一种更积极的态度看待生活了,这让我倍感欣慰。因此,我觉得有必要把剩下的一些想法和大家讲一讲。见识、态度和格局,从某种程度上讲,都是手段,这些手段的目的是要生活得好,工作上有所成就,简单地讲,就是实现富足的人生。

虽然每一个人获得外在财富需要有大的运气因素，包括出生的家庭与地点、生活的年代，以及各种机遇等，但是总的来讲，收获和付出是成正比的，或者说，获得和贡献是正相关的。运气的因素很难把控，试图控制运气是徒劳的。很多人热衷于算命，想控制那些运气的因素，但很显然，人的命运和算命的次数无关。人所能改变的不是外界的各种因素，甚至不是他人，只有自己。把自己塑造成不同的人，就会得到不同的命运。

那么人与人都会有哪些不同呢？人生下来就是一张白纸，先天的差异并不大，但是几十年下来，大家就会有非常大的不同。有些不同对人的命运没有什么影响，无所谓好坏，无关大局，但是有些就不一样了，比如对于世界规律的理解、知识的层次、决策的能力以及做事的方法等。

每一个人都有自己理解世界规律的方法，这些方法没有对错之分，但是需要长期有效。对我而言，数学思维是理解世界的一个工具。世界上的很多规律都可以用加减乘除来表述，比如我们应该尽可能地把自己的专长用到不同的领域，做到一通百通，这就是做乘法。但凡财富积累比别人快的人，都是做了乘法的。但是乘法不能乱用，很多人在具有风险的事情上做乘法，结果不仅收益没有翻番，反倒是风险把自己淹没了。

人一辈子难免要做各种选择,选择对了,有时比努力更重要。但是决策是一种能力,不是碰运气,而决策能力又不完全能够靠循序渐进的学习来掌握,因此很多人虽然有知识,甚至学富五车,却经常在需要做决策时做出了最坏的选择。要做正确的决策,最重要的是要有敬畏之心,什么事情在自己的能力之外不能做,什么事情不值得做,什么事情有能力做却不应该做。我在本书中举了两个例子:在投资中,试图打败市场的事情就不能做;只能获得一时的收益,无法获得长期回报的事情,就不值得做。当然,违背道义的事情则不应该做。把不能做、不值得做、不应该做的事情从我们的脑子里清除,选择就容易多了。

知道该做什么事情之后,也要讲究做事情的方法。世界上可行的方法有千千万,但要选择一些适合自己的方法。有的人做事,是先动脑后动手,因此获得了成功,但有的人则相反,他们习惯先动手、先尝试,再总结经验。这两种方法没有高下之分,但是并非每一种方法都适合所有人,也并非所有的方法都适合做所有事情。知道用什么方法做什么事情,是一种艺术,也是一种经验。经验是要靠积累才能获得的,但是,很多人却把经验和经历搞混了。人只要在社会上生活就会有经历，简单的、重复的经历并不会产生丰富的经验，只有将各种不同的经历、越来越复杂的经历经过大脑的思考总结，经过和他人的交流，才能变为经验。

当两个人对世界有了不同的理解，知识层次有了差别，判断和决策的能力产生了不同，经验的丰富程度也出现差异时，他们就是两个不同的人了。有的人可能很快富足起来，有的人则可能忙碌一生，在生活和工作中都拿不出什么成绩。

当然，我说的富足不仅包含外在财富，也体现在精神层面上，后者比前者更重要，因为它能让人感到满足。古希腊哲学家伊壁鸠鲁在论快乐时指出，快乐分成两种，一种是动态的、短暂的快乐，另一种是静态的、永恒的快乐。当人的物质欲望得到满足时，就获得了快乐，但那是暂时的。比如渴了喝水，饿了吃饭，累了休息，困了睡觉，这些都是让我们获得快乐的事情。但这种快乐是短暂的、动态的，第二天我们还会渴，还会饿，还需要休息和睡觉。财富也是如此，它带来的快乐是暂时的。当我们获得财富时会感到快乐，会有富足感，但是当我们把钱花出去之后，这种快乐和富足感就消失了，甚至当获得和过去同样多的钱财时，我们的快乐其实也比不上从前，这也是很多人开始追求越来越多的钱财，继而走向贪婪的原因。伊壁鸠鲁认为，真正的快乐来自一种明智、清醒和道德的生活,换句话说,精神上的快乐才是静态的、永恒的。同样的道理,人只有在精神上感到富足,才是真正的富足。

在近代欧洲,有很多贵族或者富家子弟对知识的渴望远远超过对财富的追求。这些人最终开启了人类的科学时代和思想启蒙,也获得了应有的荣誉,比如波义耳、哈雷、伏尔泰、孟德斯鸠和拉瓦锡等人。在他们生活的年代,他们就已经获得了社会的尊重,今天我们依然在纪念他们,感谢他们对文明的贡献。但是,同时代大量的、只追求权力和财富的贵族,今天已经没人知道他们的名字了。因此,人在解决了温饱之后,最终的快乐来自精神上的富足。

成为一个精神上富足的人并非遥不可及的事情,任何人如果能做好以下三件事,就有希望成为精神上的"富翁"。

首先,人需要认清自己。人类认识自身总是最难的。今天,人类能够认识上百亿光年外的宇宙规律,却对人体的很多机能所知甚少。人能够看到他人的问题,却会忽视自己的毛病。一个人只有在认清自己之后,才能以开放的态度接受外面世界的输入,才能增加自己的精神财富。

其次,要在"道"的层面上提升自己,而不是满足于掌握一些"术"的技巧。一些人读我的书、听我的课,总希望找到一个"有用"的秘诀,一蹴而就,明天就能长本事。我没有这个本事，也不相信什么人有这样的本事，因为任何在"术"层面的技巧都有很严格的应用场景，条件变了，那些技巧就不再管用了。人的学习可以从"术"开始，但最终要能够悟"道"，在"道"的层面想清楚了，遇事就能做到"运用之妙，存乎一心"了。

最后，要从学习知识上升到获得智慧。今天，人在知识上远超前人，而且获得知识也很容易，但是很多人有了知识却无法活好一生，这种现象很普遍。其实，比知识更重要的是智慧，知识和智慧不能画等号，因此今天一个学富五车的人在智慧上可能远比不上古代的先哲。智慧是富于创造性的，不被有限所困，它面对无限的世界反而显得生机勃勃，能够创造出更多的知识。有了智慧，不仅获得知识是一件相对容易的事情，而且能够比同龄人站得更高、看得更远。

作为这套丛书的收官之作，我希望《富足》这本书能够给大家带来更深入的思考，帮助大家成为富足的人。

本书得到了郑婷女士，中信出版集团的总出版人赵辉、总编张艳霞，编辑杨博惠、范虹轶、左亚琦和李瑶的长期支持和大力协助，因此，在本书出版之际，我向他们表示最衷心的感谢。我在写作的过程中也得到了家人的支持和鼓励，在此我对她们表达由衷的感谢。

01

理解规律

用数学思维认识世界

很多人一辈子都在做简单的加法，他们虽然在进步，但是速度不够快。而有些人则是在做乘法，他们会用一项技能撬动一个很大的杠杆。我们知道，通常乘法比加法的结果要大。

很多人只知道世界上有正数，却忘记了世界上还有负数，他们做事顾头不顾尾，总以为自己能够获得，忘记了很多努力的结果反而会让自己失去。

懂得这些道理并不需要太多高深的数学知识，而只需要掌握数学思维，习惯于用数学的头脑来分析日常生活中见到的各种现象，从而更好地理解这个世界的规律。因此，我们这一章就从数学思维谈起。

做事永远不要忽视负数

很多人在大学里学完了高等数学的内容，回到生活中，其数学思维水平依然停留在小学阶段，这不能不说是一种悲哀。

著名物理学家张首晟教授生前在硅谷做过一次报告，听报告的都是工程师、创业者和投资人，我作为他的朋友也去给他捧场。在报告中，张教授问了大家一个问题：什么数自己乘以自己等于4？大家都回答是2。张教授见我微笑不语，就问我答案是什么，我说还有 –2。

张教授之所以想到 –2 这个例子，是因为凡事都有对立的两面，这是这个世界固有的特性。物质和能量是守恒的，有得必有失；电荷是守恒的，有正电就有负电；基本粒子常常会对应反粒子。理解了这一点，想问题才能全面。而我能想到 −2 这个答案，则是出于对数学本身的理解。我在接触负数这个概念之后，就明白了在思考正数的时候永远不能忽视负数，这个习惯几乎伴随了我一生。

有了负数的概念，我们首先就必须明白，0 不是最小的数。今天几乎所有人都希望自己的钱越多越好，如果自己没有钱，就会觉得世界糟透了，天塌下来了。其实在这个世界上，还有比没钱更糟糕的事情，那就是欠了一屁股的债，他们的钱就是负数。在美国，有 80% 的家庭处于负债状态，虽然其中很多人有房子作为资产可以抵押，但是房子通常不能马上兑现，而债则是要按月还的，更何况很多房子的价值其实抵不上房贷。

当一个人的净资产是负数时，一辈子是很难翻身的。有一半以上的美国人，20% 的税前收入都用于还各种债，特别是房贷和信用卡的利息。他们的收入通常都不算高，如果再少 20%，每天就只能忙忙碌碌地工作，然后把时间花在应付债务上，不可能去思考如何自我提升，改变自己的经济状况，更没有什么闲暇享受生活。在中国，其实也有不少人过着负债生活，甚至是一些曾经的首富。你经常会看到媒体报道某个首富破产的消息,其实他们早就资不抵债了,只是过去还没到还债的时候。

有了负数的概念,我们就知道,每做一件事的时候,获得的收益未必是正的,完全有可能是负的。

几年前,一位国内小有成就的投资人到了硅谷,请业界的一些同行吃饭,我也被朋友拉了过去。席间大家互相介绍,别人介绍我说,这位是《数学之美》的作者。那位投资人因为当时成功地投资了几家企业,志得意满,得意扬扬地说,他只记得小学的数学知识了,不过做投资会加减乘除就够了。我就问他,做投资有多高的收益?他说做了4年多的基金,有四五倍的收益。照理说,这样的投资表现是非常好的,超过了99%的基金。不过我知道,他当初为了成立基金做投资,从某家著名的企业辞职了,当时他是那家企业的高管,手上拿着那家企业大量的股票。而他在辞职成立自己的基金时,按照规定把手上的股票转让给了其他投资人。于是我就说,世界上不仅有正数,还有负数,很多时候人们只看到前者,而忽略后者。一年后,他的前东家公司上市了,股价是他当初转让股票时的几百倍。他如果还握着当时手上的股票,价值是他后来基金规模的数十倍。后来他又见到我,谈吐中流露出遗憾,我也没有说什么,因为我知道,没有负数概念的人在投资领域早晚要栽跟头。几年后，这个人已经淡出投资界了，听说他的基金后来的表现很不好，最后关闭了。

负数这个概念，大家最晚到初中时都会学到，而且从那时开始，高中再到大学课程中所有的数学题都可能出现负数答案。然而，在张首晟教授做报告的那一屋子听众中，学历最低的也是大学本科毕业生，却漏掉了负数的答案，这是为什么呢？有人可能会觉得，是因为初中已经过去很长时间了，知识点忘记了，不是什么了不起的事情。其实，很多人虽然学了中学数学，却没有学通透，只记住了一些知识点，而那些知识背后的意义完全不明白。学完初中数学，就必须一辈子记住：世界上不仅有正数，还有负数。这件事要刻在自己的基因里，否则数学思维就还停留在小学水平。

即使不用金钱做投资，人的一辈子也是在不断地用自己的时间和生命投资。自己每做一件事情，就可能产生一个结果，这个结果可能是好的，也可能是坏的，但是人们通常只会想到好的结果，忽视坏的结果。比如很多人总是说，朋友越多越好，多一个朋友多一条路。这句话听起来似乎没有问题，但是，朋友多了难免来不及甄别，不仅会遇到益友，也会遇到损友，甚至会把损友当益友。

2022年暑假，有一次我和一对朋友吃饭，他们的孩子培养得很好，我就问他们培养孩子的心得，他们也分享了一些经验，比如10年前读蔡美儿的《虎妈战歌》时受到的一点启发。那本书讲，如果孩子交了一个坏朋友，不到一小时，就会把你培养了孩子十几年的好习惯毁掉。因此，他们特别在意让孩子和好孩子交往，远离那些有坏习惯的同龄人。我想这对夫妇和蔡美儿是有智慧的，懂得这个世界上不但有正数，还有负数。

不仅个人如此，即便是国家，糊里糊涂地犯错误也是经常的事情。在过去的30年里，欧盟的经济发展一直非常缓慢，不论是和全球经济相比还是和经济发达的北美相比都是如此。这里有一个非常重要的原因就是，在1992年之后，它吸纳了太多拖后腿的国家。欧盟成立于20世纪的"冷战"时期，主要是德国、法国等西欧国家为了加强经济合作和提升国际市场竞争力而组成了联盟。朋友多了，力量大了，就能够在经济上与当时的美国、苏联竞争了。在"冷战"结束以前，它只包括11个在西欧地区经济发达的国家，以及希腊。当时欧盟的力量不断壮大，成为世界经济的第三极。但是在"冷战"后，它迅速扩张，在英国脱欧之前，拥有了28

个成员国。这样做看似朋友多了,但是各国的水平良莠不齐,很多国家是在严重拖后腿。由于欧盟各项重大决定要全体成员国一致同意才能做出,因此在遇到危机时它就无法快速做出反应,以至于在 2008 年至 2009 年的全球金融危机以及 2020 年至 2022 年的全球公共卫生事件中损失惨重。正是因为欧盟这样的现状,英国才要脱欧,以免被那些"负值"的国家拖累。

你与亿万富翁的距离

从小学到中学都有一个非常重要的数学概念——维度。如果你拿出两根一尺长的香肠,再拿出一根一尺半长的香肠,让七八岁的孩子挑选,他们肯定知道前一组香肠更多,因为连在一起前者显得更长。如果让他们从两张直径一尺的比萨饼和一张直径一尺半的比萨饼中挑选一份,他们常常还是会挑选前者。尽管你给出具体的数字,让他们计算圆的面积,他们都会得出答案,但是在现实中,遇到上述选择问题时,他们还是常常会选错。因为他们没有维度的概念,不知道在二维的空间里,每个维度增加一点,面积会增加很多。我把直径为 1 的圆和直径为 1.5 的圆画在了下页的示意图中,单从直观上看,还真不容易看出后者超过前者的两倍。

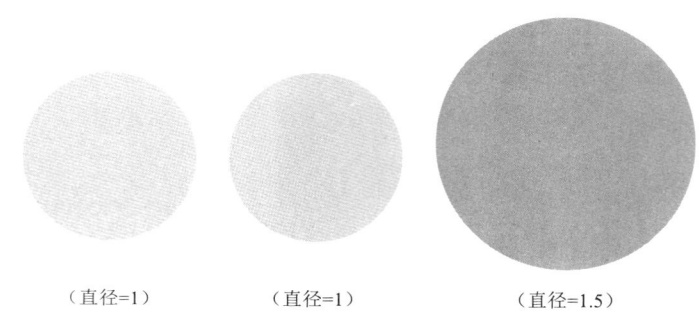

（直径=1）　　（直径=1）　　（直径=1.5）

到了三维空间,其实也就是体积时,很多人更是搞不清楚了,他们很难想象如果一个球的直径增加一倍,体积可不止增大一倍,而是增大了整整 7 倍。等到了四维空间、五维空间,情况就更复杂了,每个维度增加一点,总量就可能增加很多很多倍。

因此,在工作中,如果遇到一个由很多维度的变量决定的复杂问题,我们要特别小心,因为它的复杂性通常会远远超出我们的想象,每一个维度变化一点,最后都会产生巨大的变化。懂了这个道理,数学思维水平至少就达到高中水平了。很多人虽然高中毕业,但依然会低估多维度问题的难度。我在得到的《硅谷来信》专栏里谈过一个问题,即登顶珠峰、成为奥运会冠军和成为亿万富翁哪一个更难?从数据来看，最后一个要难得多。但是几乎所有人在认为成为奥运冠军、登顶珠峰与自己无缘的同时，总是还怀揣一个亿万富翁的梦。

为什么成为亿万富翁非常难？因为成为亿万富翁是个人综合能力、运气和大环境综合在一起的结果，是一个多维度的难题。抛开运气和环境的因素不讲，仅仅对个人综合能力的要求就远不是一般人可以达到的。今天世界上除了一部分靠继承家业成为亿万富翁的人，剩下的几乎无一例外，都是靠成功创业积累起财富的。而成功的创业者都是综合能力非常强的人，他们不仅智商高、情商高，懂产品、懂市场，具有领袖魅力，还有过人的精力，很强的判断力和洞察力，遇到困难时能够知进退，顺风顺水时懂得居安思危。总之，创业成功受很多因素的影响，哪一块有短板都不行。相比之下，成为奥运冠军是单一维度的事情。登顶珠峰虽然是个系统工程，但也是前人开创出了一条路，大家沿着这条路走的问题，因此，只要自身条件好，接受过科学训练，并持之以恒，就能达成目标。

那么为什么人们会觉得成为亿万富翁相对容易呢？因为大家觉得，成为奥运冠军要在一个维度上提高 10 倍，10 倍的差异很明显，大家能看得见、体会得出来，因此很多人知道自己够不到那个目标。但是成为亿万富翁似乎只要在每一个维度上提升两三倍就够了，两三倍的差异让很多人觉得，自己努力一番似乎能够达到目标。岂不知，如果成为亿万富翁是一个 10 个维度的问题，想要在每个维度上都比其他人做得好两倍，就需要提高 6 万倍才行。即便每个维度都提高 50%，最后也要提高 57 倍。

因此，每当遇到一个涉及很多因素的复杂问题时，我从来不敢低估它的难度。宁可一开始把困难想得多一点，也不要到后来才发现，因为自己的轻敌，最终任务完不成。懂得这个道理并不需要学习多么高深的数学课程，只要真正学懂中学数学，让自己的数学思维超越小学水平就可以了。

那么，学了大学的高等数学有什么用呢？或者说怎么就算有了大学水平的数学思维呢？我们来看一个具体的例子。

我们都知道"一分耕耘，一分收获"的道理，但是平心而论，有多少人真的相信这个道理呢？其实很多人是不相信的，因为他们觉得自己不断付出，却鲜有收获。其实，"一分耕耘，一分收获"的道理是成立的，而很多人没有得到想象中的收获也是事实，那么为什么会出现这样的矛盾呢？这还是要从数学思维入手来解释。

很多人理解或者希望的是：耕耘和收获的关系是一种简

单乘法的关系，一分耕耘一分收获，三分耕耘三分收获，如果十分耕耘，就期待十分收获。因此，当他们付出一分努力的时候，就希望马上看到结果。

其实，耕耘和收获的关系是积分的关系。耕耘或努力是我们在学习和工作中的行动力，它会产生一种进步的加速度，就如同你踩油门会让汽车产生加速度一样。但是大家在开车时都知道，从获得加速到高速行驶，需要时间的积累，接下来，需要高速开足够长的时间，才能跑得足够远，也才能把其他人甩在后面。在学习或工作中的努力也是如此。努力一段时间，能力才能提高，知识储备才能逐渐积累起来，然后，再用知识和能力努力工作或学习一段时间，才可能收获好的结果。这就是积分效应，也被称为"飞轮原理"。

很多人努力了几天时间，就急于看到结果，就如同你只踩了一脚油门，就希望车能够快得飞起来，这显然违背了世界的规律。当没有看到结果时，一些人就放弃了，然后又把时间和精力花到另一件事情上，这样反复几次，自然收获不到什么成果，于是他们开始怀疑自己的运气不好，或者怀疑"一分耕耘，一分收获"的说法不对。

很显然，"一分耕耘，一分收获"的说法没有问题，他们的运气其实也并不比其他人坏，只是他们不懂得积分效应，不懂得很多事情是要靠时间的积累才能办成的。对没有学习过微积分的人来讲，理解积累的意义、理解积分效应可能有点难度，但是学了大学数学后还体会不到这一点，就说明在数学思维上没有长进。

我在这里当然不是想教大家数学，而是用数学思维这个工具来说明世界上的一些道理以及做事情时的一些方法。数学思维的背后其实是"理性"二字，无论是懂得负数的存在，还是理解了维度的意义和积分效应，其实多是在用理性思考来做判断。

接下来，我们就以基本的数学知识为抓手，了解一些理性而有效的做事方法。

做减法比做加法重要

人类有一个特点，就是喜欢多不喜欢少，喜欢获得而不喜欢舍弃，因此人们通常喜欢做加法而不喜欢做减法。然而世界上很多事情却是要靠做减法才能完成的。

据我的老朋友、曾经在苹果公司早期担任副总裁的迈克尔·穆勒先生回忆，1996年乔布斯回到苹果公司重新担任首席执行官时，看到白板上画了14条产品线，他拿起笔，画掉了其中的大部分，最后只剩下4条。正是靠做减法，乔布斯从死亡线上救回了苹果公司。

今天全世界市值最大的5家公司分别是沙特阿美（沙特阿拉伯国家石油公司）、苹果、微软、字母表（谷歌的母公司）和亚马逊。它们的市值都超过万亿美元，年收入都在2000亿美元以上，但是这5家公司的产品线都非常短，几乎一个巴掌就能数出来。相比之下，国内有的集团公司产品线长得不得了，光控股的上市子公司就有十几家甚至更多，但是无论年收入还是市值，都不如这5家公司任何一家的零头。

无论是个人还是企业，要想把自己的成就最大化，或者把自己的利益最大化，都需要做减法，而不是做加法。

集中精力做好一件事

我们先来说说个人。

每一个人的精力是有限的，能做事情的总量也是有限的，这时人就有两个选择，要么追求数量，要么追求把事情做好。如果是追求数量，最理想的状态就是收到的效果和所追求的数量成正比。你如果给自己设定了三个目标，三个目标都实现了，你的成就就是三；设定五个目标，五个目标都实现了，你的成就就是五。因此，很多人就会根据这个逻辑自然而然地想做加法。

但是上面说的只是最理想的情况，而且通常只对简单任务有效。我们都知道，做任何事情，几乎只有当成本的投入超过一定的阈值后才能取得效果，而当成本的投入不足时，效果就是零。比如锻炼，无论是想消耗体内的脂肪还是想锻炼心肺功能，都必须超过 10 分钟才会有效果。如果只练习三五分钟就停下了，然后过一会儿又练几分钟，时间是花了，但基本上没有任何作用。读书也是如此，人们通常 5~10 分钟后才能进入深度思考状态，如果一本书拿起来看几眼就放下，或者读书的时候看两页就找人聊天去了，看似花了很多时间，其实效果很差。

因此，如果一个人同时做的事情过多，而在每一件事情上的投入都没有超过开始产生收益的阈值，那么所有的事情都做不成，也就是说，时间和精力花了很多却没有效果。今天很多中小学生在课外上了很多特长班，从体育到艺术再到 STEM[①]，但等他们高中毕业时却没有培养出什么特长。虽然说什么活动都尝试一下，发现自己天赋的概率比较大，但是因为精力太分散，每一项投入都没有达到获得收益的阈值，因此效果加起来为零。

即便我们在每一件事上的投入超过了获得收益的阈值，也并非做的事情越多越好，因为这里涉及做事质量的问题。

---

① STEM 是科学（science）、技术（technology）、工程（engineering）、数学（mathematics）四门学科英文首字母的缩写。——编者注

为了方便说明数量和质量对收益的差异，我们用可量化的例子来加以说明。

同样是一个质量上乘、结实耐用、功能齐全的手袋，蔻驰只要一两百美元，而爱马仕则要一两万美元，一些限量版甚至会到10万美元这个量级。很显然，这两个产品的成本不会差出几百倍，但售价却是天壤之别，这不仅仅是因为物以稀为贵，一些小众品牌的手袋一年的销量还不如爱马仕，价格照样上不去。世界上的很多东西，品质、艺术水准差百分之几，价格就差出好几倍。

不仅东西如此，人也是如此。俄罗斯著名物理学家、诺贝尔奖得主朗道把物理学家分为五个等级，每差一级，贡献和影响力就差一个数量级。在朗道的名单中，玻尔、海森堡和薛定谔等少数奠定了现代物理学基础的科学家是第一级，勉强称得上是物理学家的刚入职的大学老师，也就是西方的助理教授是第五级，再往下就不能被称为物理学家了。第一级物理学家的贡献是第二级的10倍，第二级的又是第三级的10倍，依次类推，这样第一级物理学家就是第五级的10000倍。至于朗道的等级理论为什么成立，我们会在这一章的最后予以分析，这里我们不妨先承认物理学家之间确实有这么大的差距。

后来我发现，在几乎所有的专业领域，朗道的等级理论都成立。在信息技术领域，能够开创一个新产业的工程师和计算机科学家当属第一级，比如提出计算机算法标准，开创了算法这个研究领域的高德纳当属第一级，而一个普通的合格工程师最多算是第五级。今天世界上一些顶级的工程师，比如打造出谷歌自动驾驶汽车的莱万多夫斯基，以及发明了谷歌云计算和深度学习工具的谷歌大脑的杰夫·迪安都接近第一等级。他们的贡献和被我们戏称为"码农"的普通软件工程师相比，相差甚至不止千万倍。当然，贡献大也会伴随着收入高。莱万多夫斯基在谷歌工作了6年，赚了1.2亿美元，平均一年2000万美元，和普通"码农"相比，也差出上百倍。

因此，如果一个人从事两份工作，花两倍的时间，即便能够做到互不干扰，最多收入增加一倍。如果他只做一份工作，但属于高水平的，可能收入会增加好几倍。今天你会经常看到这样一些报道，很多底层的民众不得不打几份工维持生计。这些人非常可怜，而他们可怜的原因是每一份工作的收入都不高，几份简单的工作顶不上一份有难度的工作。

今天很多人想成为"斜杠青年"，醉心于跨界，其实如果只是在低水平上做事情，哪怕做了好几件事情，哪怕那些事情属于不同的领域，对社会的贡献也依然非常有限，因为几个很小的数值加在一起也不会太大。因此，与其整天想着在名片上多加几个名词作为自己的身份标签，不如在自己的身份标签之前加上"资深"或者"著名"这样的形容词。今天，绝大部分人需要做的不是加法而是减法，不是在低水平上复制，而是把力量集中到一点，实现等级的跃迁。

做减法的意义

接下来我们说说企业。

在乔布斯回到苹果之前，苹果有一堆产品线，但是几乎没有哪个产品是盈利的，因此乔布斯才要砍掉其中的大部分，集中资源做出几个能盈利的产品。但是很多企业家却想不清楚这个道理，总觉得市场上有那么多钱，自己不挣就可惜了。

今天，大部分初创公司的创始人在谈他们的计划时，都要让自己显得无所不能，都有庞大的商业计划。他们谈论的以及所做的常常是全面挑战行业里现有的企业，甚至想颠覆整个行业。企业家有点雄心是好事，但通常的结果都是事与愿违。一个初创企业，各方面的资源都有限，又没有现成的产品和市场，照理讲不该做太多事情。那些一开始就把摊子铺得很大的企业，几乎无一例外都以失败收场，而且失败得特别快。相反，那些能够聚焦于一点，把一个看似小的问题解决到极致的初创企业，即便最终不能做到成功上市，也会因为自身有特定的价值而被大企业收购，这些企业的成功率要高得多。

因此，几乎所有的风险投资人和机构，包括我本人在内，在投资前都会要求初创公司把自己的任务清单尽可能地精简，减到无法再减为止。我在《格局》一书中举了不少这样的例子。很多时候，创始团队不愿意这么做，因此会和投资人产生矛盾，他们会觉得投资人限制了他们才能的发挥。但事实证明，当创始人意识到做减法的意义，并且能够把心思放在做出具有代差的产品上时，他们就接近成功了。

2020年全球公共卫生事件期间，美国有两家公司特别受关注，一家是全球视频会议公司Zoom，另一家是送餐公司DoorDash，后者还在2020年成功上市。这两家公司规模都不大，但市场占有率非常高，这既得益于很多人不得不在家办公并且无法到餐馆就餐，也是因为这两家公司长期坚持只做好一件事。以视频会议为例，这个市场有很多家实力非常强的竞争对手，比如谷歌、微软和思科，其中谷歌做视频会议的历史已经将近20年了，因此这些企业有更强大的全球基础架构，更多的资金和工程师，而且它们云计算服务的客户就是现成的市场。但是Zoom在全世界范围内更受欢迎，而且发展得更快。

为什么谷歌和微软这样的企业做不过小得多的Zoom呢？有人专门一项一项地对比了微软的视频会议产品Teams和Zoom。微软的产品是所谓的一站式服务，即把所有的在线功能都集成到视频会议系统中，而且能够调动非常多的应用程序，而Zoom只是一个视频会议系统，没有其他功能。但是，在涉及视频会议的各项指标上，如使用的方便性、用户定制化选项、视频的质量特别是低速网络的视频质量，以及会议规模等方面，Zoom都超过微软的同类服务。作为控制了全球个人计算机市场的企业，微软有太多个人计算机级别的软件需要集成到它的视频会议系统中。Zoom也可以选择做同样的事情，但是它选择了做减法，宁可少一些功能，也要把核心功能做好。

那么一家企业做大之后是否可以再多做一些事情呢？通常，在自己不擅长领域的扩张是大企业由盛而衰的开始。假如有这样两家企业，一家企业在某个领域的市场占有率做到了绝对第一，另一家企业在10个领域做到了市场占有率第二或者第三，哪家企业会发展得更好呢？几乎无一例外的是第一家。这就如同在每届奥运会之后，人们能记住的只有得金牌的人，而不是得了10块银牌的人。

我在《浪潮之巅》中讲了一个"70-20-10"定律，也就是说在很多市场上，第一名要拿走整个市场70%的利润，第二名能获得20%的利润，其余所有的竞争者只有不到10%的利润。当然在一些相对传统的行业，比如制药行业，似乎各大药厂的规模和产值差不多，但是在每一类特定的药品上，依然遵循这个规律。我弟弟吴子宁在半导体行业从业20多年，担任过美满电子的首席技术官，对这个领域有非常全面的了解。他说在半导体行业的任何一个细分市场中，第一名盈利，第二名勉强打平，不赔不赚，剩下的一律亏损。因此，任何一家大的半导体公司，诸如英特尔、英伟达和三星，其实真正的拳头产品只有一两个。

无论是个人还是企业，从心理感受上讲，做减法都不是一件容易接受的事情，特别是已经投入了时间、精力、金钱和其他成本之后。最有智慧的人会慎重地开始每一件事，以免耽误自己做最重要的事情，也为了避免不必要的浪费。次之的人，在意识到自己的时间、精力和资源被分散后，会理智地做减法。世界上那些百年老店，在历史上都经历过做减法的痛苦，但是正是因为它们做了减法，因此可以生存到今天，而与它们同时代的大部分企业都早已消失得无影无踪了。

最后说说对个人来讲，做减法时该舍弃什么。日本畅销书作家山下英子在《断舍离》一书中给了一个很清晰的原则：你想过什么样的生活，就保留相应的东西，放弃那些和你心目中的生活无关的东西，因为你实际上不需要它们。做事情也同样，问问自己的目标是什么，一个人不可能东西南北所有方位都是目标，那样的话只会寸步难行，更谈不上有任何进步。和目标没有关系的事情，就应该通过做减法删掉。

善用杠杆，事半功倍

上一节我们谈了减法的重要性，实际上做减法还有一个非常重要的目的，就是便于做乘法。我们在小学学习乘法时都会有一个感觉，就是绝大部分时候，做乘法的结果要比做加法大得多。比如3+4=7，但是3×4=12。如果两个操作数增加，加法和乘法的差异就更大了。比如7+8=15，但是7×8=56。乘法代表了生活中的放大效应。

杠杆是把双刃剑

今天全世界都有一个现象，就是很多国家、很多企业在负债经营。为什么这么做呢？因为在这种情况下，经济增长的速度或者企业成长的速度会快一些。

我们假定一家企业在资金充足的条件下资本的回报率是10%。它如果有1亿元的资金，一年可以赚1000万元，如果它能够以5%的利息再借1亿元，就能赚到2000万元，扣除利息依然有1500万元。这就是做乘法带来的好处。这种做法在经济学中有一个专门的说法，叫作加杠杆（leverage）。我们知道，杠杆的一头会很长，它可以用较小的力量翘起较重的物体。杠杆作用力一头的力臂和重物一头的力臂比越大，同样的力撬动的重量也就越大。在上面的例子中，如果那家企业有本事借到两个亿，它在支付利息之前就能赚到3000万元，这就是杠杆的作用。

那么为什么不能把杠杆加得很大，甚至无限加下去呢？因为在真正的经济活动中，无法保证资本的回报一定是正的，它有可能是负的。当一家企业生产的东西太多，打乱了供需平衡，价格就会下降，利润也就没了，甚至亏损，这用我们前面讲到的负数思维就很容易理解了。同时当它借贷太多时，市场上无钱可借，借贷的成本就会上升，付出的利息就不是5%了，可能是10%甚至更高。这两种作用力都从客观上限制了在经济活动中的杠杆不能加得太大。

因此，那些成熟市场的国家、百年老店、有经验并且尊重经济规律的管理者，都会严格控制债务的规模。比如，巴菲特就强调永远不要用杠杆投资，他在总结伯克希尔－哈撒韦过去 60 多年的发展历程时说，在这 60 多年中，虽然总体上市场是向上发展的，但是有 6 次股市的跌幅在 50% 以上，所以他的公司哪怕是加了一倍的杠杆投资，也早就被清仓出局，不可能有后来的成就了。

但是一些突然暴发的企业、一些新兴经济体、一些初入商场无知无畏的经营者，为了追求高速度，常常把杠杆加到头。在经济形势比较好、资本比较宽松的时候，它们看似发展得很好，可是一旦有点风吹草动，它们实际上就是用很大的杠杆乘以了一个负数，迅速爆雷。2015 年至 2016 年的中国股灾期间，有大量的散户就是因为这样加杠杆，在一夜间被清仓出局，他们不仅失去了一辈子的积蓄，其中很多人还欠了一屁股的债。可见，做乘法是把双刃剑，并非永远都会带来好处。

加杠杆的条件

人要想一辈子做别人几辈子的事情，多多少少要学会做乘法，加点杠杆，但是杠杆怎么加是有讲究的，比如在股市加杠杆炒股的做法显然行不通。在讲加杠杆的方法之前，我们先要讲讲做乘法或者说加杠杆的基本条件，就是同一类的东西可以相乘，不同类的只能相加，无法相乘。

比如一筐橙子大约有20斤，你有5筐同样大小的橙子，你可以大致地用20×5=100估算出总重量，这样你只称一筐的重量就可以了，不用一筐一筐地称。但是如果你有5筐不同的水果，除了橙子还有苹果、橘子、香蕉等，就不能简单地拿出一筐称一下然后乘以5，而必须一筐一筐地称，最后再做加法。

假如你开了一家工厂，如果每一个产品都是特殊定制的，做第一个产品和第二个没有关系，你是无法做乘法的，只能做加法。要想多一份收入，就要多花一倍的时间，多花一倍的成本。但是如果每一个产品都能很容易地被复制，比如数字产品的复制或者自动生产线产品的生产，那么就获得了乘法的效应。传统工业品复制的成本是很高的，可能占到了产品售价的一半，因此传统工业并不容易出现赢者通吃的全球垄断。但是信息技术产品、生物制药产品则不同，它们一旦研制成功，复制的成本就可以忽略不计了，因此，就形成了垄断。

对个人来讲，不管是工匠还是科学家，只要能把一个本领练到极致，在一个领域做得出类拔萃，就会有很多人请他用自己的专长来做事情。他们解决一个问题的努力，就可以重复地用来解决类似的问题，而不需要从头再来，这就是在发挥杠杆的作用。比如你是一个被业界认可的建筑师，你最初设计第一栋房子的思想就可以复制到各种建筑设计中。对建筑师来讲，创造出思想是最花功夫的事情，画图反而是低成本且容易完成的事情。比如，著名的建筑设计大师贝聿铭为卢浮宫设计的玻璃金字塔获得认可之后，又把类似的设计思想用在了很多地标性建筑的设计上。

用好杠杆的两个因素

善用杠杆的人，能够把一个技能反复使用，用一句通俗的话讲就是能够做到"一鱼三吃"。不善于用杠杆的人，每做一件事都要从头开始，每一件事都是在做加法，加法自然没有乘法做得快。

能否用好杠杆取决于两个因素：一个是事情本身，另一个是人本身。

先说说事情。有些事情做好了，则容易加杠杆增加收益或者扩大影响力,而有些事情则不具备加杠杆的可能性。比如,你本科学习的是数学或者理论物理学,那么研究生阶段就可以选择几乎所有理工科的专业,只要再补两三门专业课就够了。二战后从事生物学研究的一大批生物学家,原本是学习物理学的,后来因为看到原子弹爆炸对人类造成的伤害,或者读了薛定谔《生命是什么》那本书后受到了启发,转而从事生物学研究了。今天在华尔街从事金融的,很多是学习数学和理论物理学的,也就是说,打好数学或者理论物理学的基础将来有可能做很多事情,因为这两个学科教给人的都是最底层的逻辑。相比之下,如果在大学学习的是某一个专业特定的技能,换一个专业几乎就要从头做起。这也是我一直强调的,如果有条件,在打基础阶段要做好通识教育,因为通识教育所获得的知识适用的范围特别广。

即使在一个特定的专业内,有些知识也具有可复用的价值,有些则属于很窄领域的特定知识,对其他领域的帮助不大。以计算机行业为例,所有课程或者知识都属于下面三种中的一种:和系统有关的,和算法有关的,以及和应用有关的。前两种学起来比较难,但是具有杠杆效应,学好了之后一通百通;最后一种知识最实用,学会了马上就能工作挣钱。很多人改行学计算机,为了尽快看到效果,都会去学最后一种与应用有关的知识，但是这些知识的可复用性比较差。一个没有算法和系统基础的人，会发现自己那点应用知识过时得特别快。今天搞信息技术的人会出现"35岁中年危机"，原因不难理解，他们掌握的知识不具有杠杆效应，而且其价值每三五年就衰减一半。相反，一些受过科班训练的基础扎实的从业者就没有这个问题，因为他们知识的基础是算法和系统。我常常强调求道的重要性，因为道是可以应用于各种场合的，但是大部分人只看重对自己当下有用的术，术通常都是有针对性的，做不了乘法。

再说说人。世界上有两种人，一种人热衷于解决具体的问题，另一种人热衷于发明一种解决同类问题的机器，然后让机器把所有的问题都解决了。前一种人做事情基本上是加法思维，后一种人则是乘法思维。世界上第一个制造出和图灵机等价的计算机的，并非美国二战时研发电子计算机的那批科学家，而是德国工程师楚泽。楚泽原本的工作是计算飞机设计中的工程问题的，当时他用的工具是计算尺和数学用表。楚泽发现大部分问题用的公式都差不多，只是把数据换一换，但是这样的计算每一次都很花时间。楚泽就想，应该制造一种机器，让它根据公式自动计算，于是他离职发明了德国的计算机。类似地，美国当初研制电子计算机也是出于同样的考虑，即为了计算远程火炮的弹道。由于那些计算问题有很大的相似性，因此科学家想发明一种机器来完成它们，而不是一个问题一个问题地手工计算。

当然，制造一种机器只是一种比喻，并非所有的问题都需要新造一种机器来解决，我们只是用这个比喻来说明思维方式的不同。eBay（亿贝）、谷歌和脸书这几家企业早期的成功都是靠搭建了一个自助平台，颠覆了原来大量依赖手工劳动的行业。以谷歌为例，它主要靠广告挣钱。在谷歌之前，拉广告是销售人员的事情，要想多一份广告收入，就需要增加一个销售人员，这样成本很高。谷歌革命性的地方在于，它做了一个基于搜索关键词和内容关键词的广告系统，让广告商可以自己投放广告，这样即使在员工晚上都睡觉后，它还能挣钱。有些公司学到了谷歌的皮毛，也做了类似的广告系统，但是却大量依赖人力进行销售，这就是在做加法，而不是做乘法了。时间一长，它们和谷歌的差距就越来越大了。类似地，阿里巴巴的成功在很大程度上是依赖淘宝这个自助系统，大家自己把东西拿到淘宝上去卖，阿里巴巴不用进货，不用操心物流，于是就可以躺着赚钱了。

遇事该做加法还是做乘法，其实反映出人的两种不同的思维方式。有些人一定要强调每件事的特殊性，他们就习惯于做加法；有些人则能看到事物之间的共性，他们就会通过做乘法极大地提高效率。

当然，大家可能已经发现，很多事情是无法做乘法的，比如你要做两件完全不同的事情就无法使用杠杆，做到"一鱼三吃"。这也是我们前面强调要做减法的原因。我们不妨把自己想做的事情和不得不做的事情列一个清单，把那些和其他事情相关性小的、重要性差的事情统统删掉，集中精力把那些能够做出乘法效应的事情做好。

破解 35 岁中年危机

过去很多人会担心遇到事业发展的天花板，也就是说在步入中年之后，自己的职业发展遇到了瓶颈，职级和收入再也无法提升了，这让那些在此之前事业不断发展的人倍感失落。毕竟人在习惯了越来越好的生活和职业发展之后，陡然进入停滞阶段肯定会不舒服，不过，当大家看到其他同龄人都遇到了职业发展的天花板，慢慢就会心安理得了。

近几年，上述情况似乎变得更糟了。很多人在自己年富力强的时候就被单位以各种方式扫地出门了，情况好一点的会被单位挂起来，闲置在那里。这正是上有老、下有小，房贷还没有还完的时期，很多人一下子就从阳光明媚憧憬生活的春天掉进了严冬的冰窟中。这种情况一开始只是个别现象，但是近年来却越来越普遍，就连过去几十年不断扩张、福利待遇不断提高的知名大企业，也就是所谓的"大厂"，也开始以各种方式"请退"那些30多岁、有丰富工作经验、精力依然旺盛的老员工了。于是就有了所谓的35岁中年危机。

根据2022年1月10日《中国新闻周刊》（总第1028期）的报道，2021年11月9日，腾讯公司以关怀老员工的名义，制订了一项"请退"老员工的福利计划。根据这个计划，凡入职满15年的员工可以选择"提前退休"，并享受退休福利。这项计划包括6个月固定工资的"感谢金"，外加"服务年限金"和"50%的未解禁股票期权"中任选其一的福利。对于这个措施，有人乐观地解读为，"大厂"积极地、人性化地解决员工的"中年危机"。但是大部分人却笑不出来，因为一个人工作15年，通常还不到40岁，就已经不受雇主欢迎了，将来肯定会面临无事可做的困境。"大厂"尚且不愿意养活他们，指望那些经营情况还不如"大厂"的单位养活这些人就更不现实了。

为何 35 岁容易产生危机

通常，如果一个员工创造的价值大于他在单位里享受的薪酬福利，单位是希望他留下来的，特别是没有人员总数的限制，更没有薪酬总额上限的企业，这和足球、篮球的职业球队不同。一家企业如果只有少数贡献小于薪酬福利的老员工，通常也不会拿他们开刀，因为这么做带来的社会影响不好，省下的那点薪酬远远无法弥补企业在社会形象上的丢分。只有一个单位出现大量"净绩效"（也就是收益减去支出）为负数的员工时，它才需要冒着牺牲自己形象的风险，大规模"请退"老员工。毕竟对私营企业来讲，"里子"比面子更重要。

其实早在几十年前，中年危机现象在美国就已经出现了。对于市场化国家，通常每十年左右会陷入一次经济发展的衰退或者停滞期，然后"大厂"就开始裁员，裁员的对象除了同事关系非常差的员工，主要是刚入职的新员工和职级已经无法提升的老员工。刚入职的员工通常还没有熟练掌握工作技能，对业务不熟悉，产出不够高，而且裁撤时支付的福利较少，因此首先成为每次裁员的对象。而在一个职级上停滞很长时间的老员工，因为工资高，但贡献并不比年轻十岁的人更多，被裁掉也是合情合理的。只不过，美国"大厂""请退"的通常是50岁以上的老员工，不会拿三十几岁的人开刀，因为后者还"正当年"呢。

造成全社会出现35岁中年危机的现象，那些"大厂"显然是直接原因，但是单纯指责它们也解决不了问题。显而易见，即使那个"大厂"特别"宅心仁厚"，把大量的"净绩效"为负值的老员工留下来，这家大厂也会很快因为缺乏竞争力，甚至亏损而倒闭，最后大家都会失业。20多年前，当整个欧美电信行业陷入发展危机时，思科和朗讯等知名企业通过裁员，尤其是辞退老员工的方式活了下来。而当时非常有名的加拿大北方电讯公司，因为所在国家限制大规模裁员，最后不得不倒闭了。因此，要破解35岁中年危机，还需要从员工自身的角度出发，找到发生这种现象的原因。

我们先说说什么不是原因。

首先，加班文化不是原因。有人觉得这是因为年轻人肯加班，工作更努力，因此淘汰了他们的前辈。其实根据我的观察和很多企业给我的反馈，绝大部分人加班其实是在磨洋工，是被要求不能早下班，效率也非常低，当然少数目标非常明确的初创公司除外。实事求是地讲，无论是美国还是中国，一万人以上的"大厂"裁员一半，公司营收都不会减少一分钱。因此，如果一个30多岁有经验的员工还能按照正常的工作强度工作，性价比会比刚毕业的年轻人好很多，因为后者的经验尚不足以应对复杂的任务。

其次，关于30多岁的人变成了职场老油条的说法也不成立。大家不妨看看周围，今天30多岁的人绝大多数还非常敬业，而且敬业程度常常超过年轻人。

接下来我们就说说原因。

这主要是因为一大批30多岁的人知识结构老化，他们技能的价值贬值得很厉害。一个专业人士在单位里的竞争力或者说产出的效率基本上由两个因素决定：一个是知识、技能和经验的总量K，为了简单起见，我在后面简称它们为"技能"；另一个是这些知识、技能和经验的单位价值V。竞争力基本上等于这两个因素的乘积。当然，我们这里假设每一个人都是在尽职尽责地工作，这样才有可比性。技能的总量是随工作年限的增加而稳步增长的，但是它的单位价值却是在快速下降的。我通常用下面两个公式来近似技能K_t随时间增长的情况，以及单位价值V_t随时间衰减的情况：

$$K_t = K_0 + rt \tag{1}$$

$$V_t = V_{t-5}/2 \tag{2}$$

在公式（1）中，K_0是开始工作前已有的技能，它通常就是人们走出校门时的知识，r是每年获得的新技能速率，它和具体的人有关，有时会快一点，有时会慢一点，为了简单起见，我们就认为它是一个恒定的常数。t是工作的时间，K_t就是工作了t年后技能的总和。从公式（1）可以看出，如果一个人不断学习、不断进步，技能就会不断提高，就会从新员工变成熟练工，最终成为技术专家。

在公式（2）中，V_t表示工作t年后，那些知识、技能和经验贬值的情况，这里我假设5年技能的价值贬值一半，也就是说5年前掌握的技能放在今天只有一半的价值。为什么技能会贬值呢？这主要有两个原因：一方面，随着行业的发展，一些技能不再有用了；另一方面，但凡值钱的技能就会有很多人来学，掌握它的人多了，自然就不值钱了。当然有些技能贬值得较慢，有些贬值得较快，我设定5年，一方面是为了便于大家理解，另一方面，在信息技术领域，热门的新技术通常不超过5年就会变成大家都掌握的技术了。因此，5年的时间也可以看成是技能的半衰期。

如果一个东西的价值过一段时间就除以2，衰减是极快的，10年后就只剩当初价值的1/4，20年后只剩1/16了。当然有些行业发展得相对缓慢，比如医学行业和法律行业，半衰期会比较长。但是哪怕是半衰期较长的行业，今天的人也不要指望在工作中不学习就能靠已有的技能工作一辈子。

最终,一个人在职场上真正的竞争力或者说做事的能力,其实是技能 K_t 和它们的价值 V_t 的乘积。我们不能光看一个人知识、技能和经验有多少,还要看他掌握的是什么知识和技能,放在今天是否有价值。

如果把这两个因素放在一起,就可以用下面这个曲线图来表示一个人在不同工作时期的竞争力。在这个曲线图中,横坐标代表工作年限,纵坐标表示职场竞争力,其实就是 K_t 和 V_t 的乘积。原点的位置是刚参加工作时的情况,这时的竞争力来自一个人在参加工作之前所接受的教育和已有的经验。大家不必在意原点左边的半条曲线,它在现实中没有意义。

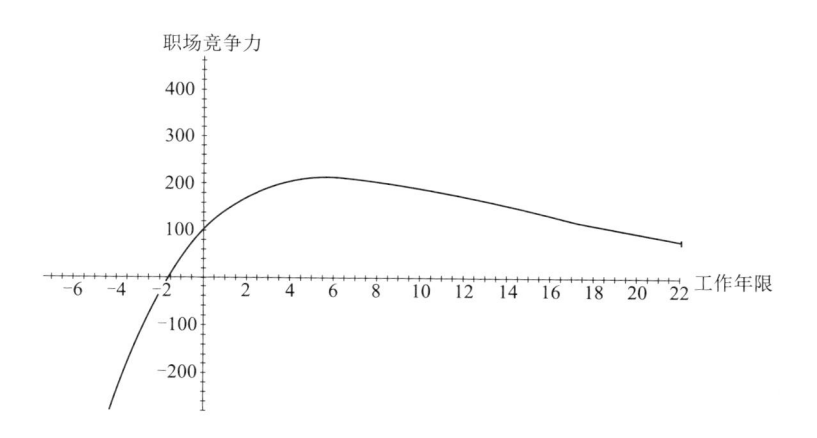

我们可以看出，一个人在正式工作之后，他的竞争力是在不断提升的，因为他在不断地学习新的知识、技能和经验。由于工作中所需要的技能和学校所教授的有很大区别，在工作的前几年，技能的提升非常明显，一些新人两三年后就能开始独立完成很多工作了。这时，知识价值衰减的效果还没有显现，因此，人们会有一种错觉，觉得自己会越发展越好。但是，此后竞争力上升的曲线就开始放缓，因为这时人的技能总量虽在增加，但每年新学到的技能在总量中的占比却相对减少，而技能价值衰减的速度是恒定的，到了一定时期，竞争力就往下走了。在上页图中就表现为第 6 年的情况。当然如果一个行业的技能半衰期比较长，这个峰值会出现得晚一些。如果一个人能够无限制地工作下去，最终竞争力大约相当于最后一年获得的技能总量乘以半衰期的长度。比如，你所在行业的半衰期是 5 年，你最近 5 年获得的技能就决定了你的竞争力。

因此，一个人在峰值过后，虽然知识、技能和经验还在增加，但是赶不上它们价值衰减的速度，这就是很多 35 岁左右的员工，一方面认为自己依然非常努力地在学习，另一方面却感到力不从心的原因。他们的技能水平在提高、经验在增长是事实，但是以往积累的技能和经验在贬值也是事实。

也就是说，虽然大家在不断地做加法，但是这个世界本身产生了一种除法的效果，抵消了加法带来的增长。这就解释了为什么很多人刚从大学进入职场的前几年进步显得很快，而且会伴随着职级的晋升和收入的提高，然后进步的速度会趋缓，甚至下降。

在过去，知识的更新速度不是很快，技能保值的时间比较长，再加上经济腾飞时各个岗位都有空缺，因此大家体会到的无非是在四五十岁之后遇到职业发展的天花板，自己的竞争力不再增加，还体会不到 35 岁中年危机、竞争力下降的情况。但是今天，这种情况出现了。

让中年"危机"变"机遇"

我们从前面的公式可以看出，应对的策略无非两种。一种是提高自己技能的增长速度，特别是在职业生涯的初期。任何年代，所谓年轻有为的一群人，都是一开始在职业发展初期以非常高的速率进步的人，他们迅速占据了一些重要岗位，有条件利用杠杆更大程度地发挥自己的影响力。今天要做到这一点，就需要在一开始找一份让自己进步快，而不是薪酬高的工作，需要找到一个好师傅带一带自己。另一种方式就是减缓自己技能贬值的速度，比如把它们的半衰期从 5 年延长到 10 年。通常，那些能够快速入门的技能贬值得都很快。比如，很多非计算机专业的人花个半年或一年时间学会简单的编程，就能从事简单的计算机工作。但是这些技能你学得快，比你年轻 10 岁的人照样学得快。相反，那些门槛高，需要较长时间才能掌握的专业技能，比如从事医学、法律或者信息技术中半导体设计所需要的技能，就比较复杂，需要长期专业训练和从事一线工作才能熟练掌握，它们贬值就比较慢。当然，在这些行业中，达到峰值需要的时间也很长。

我们都知道甘蔗不会两头甜的道理。我们不能指望做一项工作不需要花太多努力，在很短的时间里就能功成名就，然后还能永远持续下去。任何人都不得不做一个选择，就是在工作的头几年过得轻松、晋升快，还是一开始过几年苦日子，等到中年之后才开始收获经验和知识所带来的红利。

那么有没有价值不随时间的变化而衰减的技能呢？只要社会在发展，科技在进步，就不存在这样的技能。不过，和技能不同的是，智慧是不随时间衰减的。孔子在 2000 多年前所具有的智慧，今天依然行之有效。因此，对人们来讲，抵抗技能贬值最好的方法就是在工作和成长的同时获得智慧。

今天很多人要花40多万美元买一股伯克希尔－哈撒韦公司的股票，就是希望能够聆听巴菲特讲人生的智慧。单纯从金融学的知识来讲，巴菲特肯定比不上今天很多投资人，他的一些知识甚至过时了，但是，在投资智慧方面，他依然超过世界上绝大部分投资人。

线性成长的局限性

今天，以普通人每周工作 40 小时的标准来衡量，每一个人每周工作的时间其实差不多，很难差出一倍，但大家的成就却天壤之别，能差出几个数量级。即便是当年水平差不多，毕业后从事同一类工作的同班同学，几年下来也常常是一个天上一个地下。这显然不能用一个人比其他人更加努力，多工作了一些时间来解释。这里面主要的原因是，有些人的成就是线性叠加的，有些人则是按照平方的速度，甚至立方的速度增长的。

我仔细观察过谷歌和腾讯公司不少工程师的表现，发现每一个认真工作的人每年完成的工作量不会有太大差别。对软件工程师来讲，可以简单地用他们所写的代码的行数来衡量。但是他们对企业的贡献，以及他们的职业发展速度，会有很大的差别。总的来讲，谷歌工程师所完成的代码会在产品中存留至少一个版本的时间，通常会存留两三个版本的时间。如果我们假设每个版本的生命周期是 1~2 年，也就是说他们写一行代码，所产生的效果会有 2~4 年，有些还会更长。腾讯工程师写的代码就没有那么长的生命周期了，绝大部分代码半年内就被人替换了，有的代码甚至存留不过 3 个月。这倒不是因为腾讯产品迭代得快，而是因为很多工程师不讲究代码质量，以至于他们的代码在产品使用一段时间后就出现了问题，然后不得不被新的代码替换。我们不妨量化地估算一下这两种工作方式所产生的影响力各是多少。

我们假设张三和李四每个人每月写 1000 行代码，他们的代码都只用于一个产品，而且所有产品用户的数量是相同的。不过，张三的代码 3 个月就失效了，而李四的代码 4 年才失效。为了简单起见，我们假设他们的代码一旦写成，就被应用于产品中，马上产生效益。

张三的贡献第一个月是 1000 行代码，第二个月是 2000 行代码，第三个月是 3000 行代码。到第四个月，虽然他写了 4000 行代码，但是第一个月写的代码已经被剔除产品了，失效了，因此他这个月的贡献依然是 3000 行，而且以后每个月都是 3000 行代码。我们可以把张三每个月的贡献以及他在几年职业生涯中累计的贡献用下图来表示。下图中的虚线及其对应的浅灰色区域，就是张三每个月的贡献和累计贡献。需要指出的是，张三几年下来的平均贡献基本上是恒定的，累计贡献和工作的年限 t 成正比，或者说它是年限 t 的线性函数。

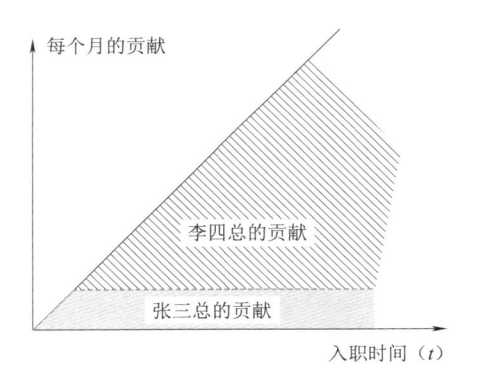

李四前三个月的贡献和张三一样，但是从第四个月开始，他的贡献依然逐月增加，也就是图中实线所描述的情况。李四的累计贡献就是实线下方的条纹线阴影面积，大家不难看出，这块面积要比浅灰色区域的面积大得多，而且越往后差距越大。需要指出的是，李四几年下来的累计贡献和工作年限的平方（t^2）成正比。我们知道，平方函数的增长要比线性函数快得多。

世界上依然有生命周期长的代码。在航空领域，20世纪80年代的一些代码依然在使用，也就是说它们会超过人的职业生涯。今天那些失败的初创公司都有一个特点，就是它们每一项工作的影响力持续的时间都非常短。这就有点像狗熊掰棒子，每个人看似都很忙碌，其实手上只有一根玉米棒子。

上面说的这种现象不仅在信息技术领域存在，在很多领域都是如此。自从开始写书，我和出版界有很多合作，对出版业算是比较了解的。根据我的了解，能养活自己的作家不超过出过书的人的1%，即便是那些出版了很多书的人，也做不到这一点，因为绝大部分作家也是在做狗熊掰棒子的事情。虽然今天的著作权不仅在作者活着的时候有效，而且在死后还能延续50年，但是绝大部分作家的书，在近百年时间里的总销量不会超过前三个月销量的两倍，这大致相当于一本书6个月后就挣不到钱了，而这类作家一本书能卖一两万本就不错了。如果一个这样的作家写书非常快，半年就出一本书，这个速度也仅仅能让他的收入不中断而已。所有能够养活自己的作家都有一个特点，就是他们的图书都是长销书，过了5年、10年甚至更长的时间还有人读。这些作家只要不断写，总收入就会随着时间的平方增加。

用乘方思维扩大影响力

要想进一步提高影响力，最好能让影响力随时间呈三次方、四次方增加。以信息技术行业为例，假如我们能够让自己写的代码不仅在自己负责的产品中使用，而且有越来越多的人也来使用我们的代码，那它的影响力就大了。在全世界著名的信息技术公司中，很多产品会共用一个代码，而且其他企业也会使用。比如亚马逊 AWS 云平台中的代码，上百万的企业都在使用，这里面每一行代码的影响力都是巨大的。

今天国内大部分信息技术企业，包括很多"大厂"，内部共享代码的程度很低，每一个部门都喜欢各自为战，喜欢对代码有绝对的控制权，不喜欢使用其他部门的代码，这导致重复开发的现象严重。每个工程师虽然都很忙,甚至要经常加班,但是他们的工作所产生的影响力却非常有限。和这种做法完全不同的是,谷歌虽然有几万名工程师,但是依然在共享一个代码库。任何人做一个新项目,90%的代码是现成的。亚马逊在早期也经历了很多中国信息技术企业各自为战的阶段,不同组在合作时,常常会为相同的功能开发出各自的代码。后来亚马逊的领导层注意到这个问题,强制要求所有的组都必须采用相同的接口进行合作,这就使得代码的通用性大大增强。再后来,亚马逊的领导层发现这样通用的接口还可以开放出来提供给外部企业使用,于是他们就将那些代码封装起来,做成了 AWS 的开发工具。可以讲,AWS 的发展过程,就是工程师将重复性劳动降到最低、代码的使用范围扩大到最广的过程。

当然,那些只有 3 个月生存期的代码是无法推广的,因为没有使用者愿意每三个月更新一次代码。一段通用的有生命力的代码推广的程度,是和它存在的时间成正比的,一开始可能只有三五个团队或者七八个项目使用它,后来可能会有几十个团队、上百个项目使用。因此,能够写出这种代码的工程师的影响力其实是和他工作年限的三次方(t^3)成正比的。

在 2012 年回到谷歌后,我发现自己在 2003 年写的一段非常基础的系统级代码不但依然在使用，而且有上百个项目、数不清的程序在使用。那项工作我只做了两三个月，但是那两三个月工作的影响力随着时间的推移在不断扩大。

如果你做的工作不仅被很多项目采用，做成了各种产品，每一个产品随着时间的推移用户数在不断上升，收入也在不断扩大，而且你能够不断完成这样有效果的工作，那么你的影响力就和工作年限的四次方（t^4）成正比。这样一来，当你工作了 10 年，你在行业的影响力就会非常大。这时即便别人碰到了发展的天花板，你也依然是行业里最受欢迎的对象，因为任何一个单位都知道，你到哪里，就会给哪里带来巨大的效益。

我们每个人在初中的时候就学过乘方的概念，我们知道但凡是大于 1 的数字，乘方的次数越高，得到的数值就越大。到大学的时候，这个概念被夸大为量级（Order，也被称为"大 O"）的概念，线性增长、平方增长的量级较低，而三次方增长、四次方增长的量级较高。只要时间足够长，高量级增长和低量级增长所产生的差异会越来越大、越来越明显。这就解释了为什么从同一个学校毕业的水平差不多的同学，工作几年后，就会有明显的差距，十几、二十几年后，就会有天壤之别，因为他们增长的量级是不同的。

我们在前面讲到了朗道等级，即第一级物理学家的贡献是第二级的 10 倍，是第三级的 100 倍……是第五级的 10000 倍。这个理论是否夸大了第一级物理学家的贡献，贬低了普通物理学家的工作呢？其实没有。我们先来看看第五级物理学家通常的贡献。他们最大的贡献通常就是每年培养几名学生，因此几十年下来，就是培养了一批学生，培养学生的人数和工作的年限成正比，也就是线性增长的关系。大学里的初级物理学家也会写论文，但是全世界八九成的科学论文很少有人去读，有些论文甚至只有作者自己和审稿人读过。大量平庸的论文即便有人读，也就是在论文刚发表的头一两年，这和我前面所说的很多工程师的代码生命周期不超过 3 个月的情况很相似。

但是，那些被朗道称为第一级的物理学家则不同。他们的影响力非常持久，而且随着时间不断拉长，他们的研究成果对人类产生的贡献是以三次方甚至四次方的速度被不断放大的。以玻尔和海森堡等人为例，他们的量子力学理论一开始接受的人并不多，但是随着时间的推移，接受量子力学的人越来越多，这还只是线性速度的放大。接下来量子力学理论成为后来物理学、化学和材料科学的基础理论，而那些学科本身也在发展，这样量子力学的影响力就以平方的速度放大了。今天信息革命的硬件基础，包括激光、半导体的原理都源于量子力学，信息的存储和传输，卫星定位导航等新技术，电子显微镜、核磁共振等先进的设备都离不开量子力学理论以及建立在这个理论之上的现代物理学、化学和材料科学。因此，玻尔等人的贡献已经随着时间的推移呈三次方增长了。如果再考虑到受益于现代科技产品的人数还在不断增加，玻尔等人的贡献是随时间四次方增长的。

如果一个人的贡献和影响力以时间四次方的速度扩大，另一个人的贡献和影响力只是线性增长，那么说两个人差出了一万倍并不夸张。

我在前面还提到了谷歌发明云计算的迪安和发明自动驾驶汽车的莱万多夫斯基，他们可能应该被放在第1.5级到第二级之间，他们的贡献是普通的第五级工程师的成千上万倍。为什么这么说呢？以迪安为例，他构建的谷歌文件系统和并行计算工具，被谷歌和外界成千上万个团队使用，那些团队在长达20年的时间里打造出成千上万个产品，让全世界超过10亿用户受益。相比之下，大多数普通的工程师写的代码只对一两个项目产生了贡献，而那些项目很多其实没有产生社会效益。我在前面提到莱万多夫斯基的收入是普通"码农"的上百倍，可能有人会说那是美国具有工程师文化的体现。其实不然，我有几个依然在做工程师的朋友，虽然都已经四五十岁了，在国内换工作时依然能拿到每年 8 位数的薪酬。愿意支付他们如此高薪酬的单位当然知道，我这些朋友对信息技术产业的贡献要远远超过那个薪酬。

因此，每当一些工程师和我抱怨劳动强度大、收入低的时候，我一方面为他们感到遗憾，另一方面也委婉地提醒他们，让他们想想自己对社会的贡献到底有多大，他们可能非常辛苦地做了一大堆影响力很有限的工作。我们必须明白一个道理，在收入这件事上，这个世界更多的是看中"功劳"，而很少会看"苦劳"。遗憾的是，大部分人把自己的辛苦看成自己应该获得更好待遇的依据。

我做投资时有一个偏好，就是宁可投资那些年纪尚轻、资历尚浅，但是能力和影响力在以乘方速度上升的人，也不愿意投资那些靠熬年头获得一些头衔的人。投资前者虽然有风险，但是考虑到他们进步的速度，我愿意承担这个风险，最不济就算为世界培养人才了。对于那些靠熬年头上来的人，你根据他们之前的发展速度就能准确预测他们的未来。世界上很少有人前 20 年线性发展，到了 40 岁突然以三次方、四次方的速度进步的，因为那些人已经习惯了做简单加法的思维方式。我时常一方面和同事讲，莫笑少年穷，另一方面也和创业者讲，能否具有乘方的思维方式决定了他们的成就高低。

几年前，我和清华大学科学史教授吴国盛老师谈到如何普及科学精神的问题，他提出一个很有道理的方法，就是先影响一批具有影响力的人，然后那批人就会去影响身边的人，这样科学精神就会一圈一圈地在人群中传播。吴国盛老师不仅这么说，也这么做了，我认为这种做法非常好，这就是做乘方的思维方式。

本章小结

我们用简单的数学运算做比喻，分析了很多人在职业发展过程中遇到困境，特别是职业发展天花板和35岁中年危机的成因。任何突破常人天花板的人，通常会在境界上高出大众一筹。他们懂得防范风险，能够集中精力做好主要的事情，能够利用杠杆把自己的特长发挥到极致，让自己的影响力在多个维度上得到发挥，然后随着时间的推移按照乘方增长的速度放大，并且获得累计效应。如果说人的发展会有什么天花板，这个天花板就是他的境界。

02

正确决策

凡事皆有成本

我在当学生的时候，也和很多人一样，热衷于去拿一些免费的东西。等开始工作挣钱后，我就体会到凡事都是有成本的，即便是那些免费的东西。再往后，我学了经济学，就知道有些时候即使付出了成本，该舍弃的时候还是要舍弃，那些成本无非是沉没成本。

等到后来做投资，我对机会成本又有了更深刻的认识。很多时候，投资看起来没有亏钱，但其实依然给自己造成了损失，因为那些钱放到别的地方会有更好的回报，这就是付出的机会成本。用这种思维去审视过去的得与失，我发现，其实因为瞎折腾我浪费了很多资源，那些宝贵的资源如果用到其他地方，会产生好得多的效果。我也因此明白了松下幸之助的那句话："一种产品如果不能盈利，就是对人类的犯罪，因为那些宝贵的资源可以用来做更有意义的事情。"

具有成本意识是人有智慧的标志，懂得舍弃大量回报不高的事情，专注于有意义的、高回报的事情，是进入高境界的开始。

做决定前，先考虑成本

很多人在决定一件事情该做还是不该做的时候，通常是看其他人做不做，如果大家都做，自己也会跟着做，不去想做了以后有没有好处。稍微肯动一点脑筋的人会看做了以后有没有收益，如果有收益，就会去做，但是他们却很少考虑收益率，也就是收益和成本的比例。

几乎所有大城市里中小学生的家长都会给孩子安排各种课外补习班。这些补习班有些是为了提前学一些内容，以便赢在起跑线上，但更多的是把学校教的内容再学习一遍，以便能考出好分数。前一种情况我们先不考虑，这里重点分析一下后一种情况值不值得做。

简单地讲,这件事做与不做因人而异,但是判断的标准只有一条,就是补课的成本。我这里讲的成本还不是金钱的成本,而是时间和精力的成本,因为对一些家庭来讲,钱不是大问题,如果能用钱换分数,他们非常乐意这么做,但是人的时间和精力都是有限的。

据我了解,不少家庭送孩子上课外补习班的结果是,钱花出去了,效果却一般,甚至还有副作用。这是为什么呢?我们分析一下付出的时间和精力成本就能明白了。

我们假设孩子每门课每周要去一次课外补习班,补习班上课时间是两小时,孩子往返于补习班路上要花一小时,下课后还必须认真做补习班留的作业,否则就白听了,写作业再花两小时,这样一周就是5个小时,这5个小时就是他的时间成本。当然有些家长会说,5个小时花出去了,至少成绩没有下降,还提高了一两分,即便效率不算高,也没有损失。其实这种想法是忽略了机会成本。如果把这5个小时用在更有效的复习提高上,能将成绩提高三五分,那么这三五分就是机会成本,而提高的一两分就是收益。两项相抵,这项投资还亏了两三分。

我大女儿有一位高中同学,4年来的成绩总是全年级第一名,后来上了麻省理工学院。每到期末考试前,老师带着大家复习时，这位同学就请假回家自己复习。为什么这么做呢？因为考虑到机会成本，跟着老师复习不合算。老师在课堂上不可能照顾到每一个人的具体情况，可能两小时的课程中只有10%的内容对自己有帮助，如果自己是一个善于学习的人，了解自己的不足，能把时间利用好，对提高成绩就会帮助更大。我回想我大学同学中的学霸，有一大批到了期末考试前也选择"逃课"。这些人成绩好的一个原因就在于，懂得机会成本的道理。

我一位朋友曾在国内开办了一家中等规模的教培机构，过去每年有成千上万的学生。他发现每到周末，很多父母把小学生送到他的教培机构来参加大班补课，然后自己坐在车里玩手机。他对我说，这些家长与其把时间浪费在看手机上，还不如花点时间看看孩子的作业本，小学生的那点功课他们自己都能辅导的，既省时又省钱，从提高成绩的角度来说，一定比上一次大课要好。当然，如果家长真的没有能力辅导小学生，孩子所在的学校教育质量又不够高，送补习班可能就是一个好的选择了，因为同样花5个小时的时间，付出的机会成本较低，而成绩提高的空间较大。因此，我们做决定之前要考虑成本，防止做出坏选择。

如何让回报大于成本

凡事都有成本，这个道理很多人都懂，但是到了生活中，绝大多数人都会忘记。

在互联网上有很多免费服务，很多人就下载了一大堆App（应用程序），在短时间里确实获得了一些方便。但是时间一长，自己的个人信息全被泄露了，随后自己遇到的麻烦就越来越多。一开始可能是受到价格歧视，然后是自己的行踪被人掌握，再往后会发现自己很多事情都做不了了。这些都是使用免费服务付出的成本，只不过过去别人要你先付出成本，才给你好处；现在是先给你一些好处，然后再让你慢慢把成本补上。

即便很多人在生活中有了成本意识，也经常会陷入以下4个误区。

第一个误区是，舍不得抛弃沉没成本。关于沉没成本，今天的很多公开课都会讲到，我们这里就不详述了，用一个例子简单说明一下。某人花了100元买电影票，看了10分钟后觉得电影非常无聊，再看下去就是浪费时间，但就是不甘心离开，因为他已经花了100元。但是，他坚持两小时看完电影，心里不舒服，不仅没有受益，还耽误了自己两小时的时间。这就如同一条船已经沉没，船上不论有什么东西都不用再计较了。很多人都听说过"沉没成本"这个词，也知道沉没成本不再是成本的道理，但是真到了自己头上还是不愿意放弃。

第二个误区是，任何资源使用起来都会产生收益，因此使用它来创造价值时，机会成本不是零，而是在没有风险的条件下产生的收益。比如你有10万元拿到股市上投资，有时挣点钱，有时赔点钱，最后不赔不赚。这时很多人会觉得自己没有亏，其实他们已经亏了，因为那些钱如果不去炒股，至少每年有两三个百分点的利息，因此它的机会成本就是两三个百分点的收益。任何收益如果不如定期存款的投资都是亏钱的,哪怕看上去是小赚。再比如,有些人喜欢买黄金,觉得黄金保值,其实从历史上看,黄金白银的平均涨幅要低于通货膨胀,并不能保值。清末民初的时候,贝聿铭的叔祖、颜料巨商贝润生先生花了9000两银子买下了苏州著名园林狮子林,这个园子不仅占地面积极大,而且是中国园林中的杰作。今天,9000两银子还不到100万元,连苏州的一个小房子都买不下来,购买力大大地贬值了。因此,握有金银的同时其实也就付出了机会成本,即钱本身能投资到社会再生产、再赚钱的机会。

还有很多人热衷于短线操作股票挣点小钱,挣了钱就扬扬自得,我常常会问他们,跑赢大盘了吗?很多人就不吭声了。购买指数基金,跟随大盘,是投资股票的基准点。无法跑赢大盘的人,都会白白付出机会成本。

第三个误区是,由于人们天生厌恶损失,他们虽然懂得做事情有时间成本的道理,可以忍着不去拿免费的好处,但是只要有机会把自己的损失找回来,即使花时间,他们也愿意去做。这时他们不会考虑找补回来的损失是否超过进一步花出去的成本。

比如你住在北京中关村，今天西单有一个活动，白送一个200元的吹风机，你是否会去拿呢？10年前可能大家都会一拥而上去抢，但是今天很多人会考虑打车成本、时间成本，以及疯抢付出的各种代价，可能想想还是算了。这种做法就是认知上的一个进步。但是，如果你花了200元买了一个吹风机，但对品质不满意，是否会去退货，把200元拿回来呢？几乎所有人都会去一趟西单退掉它，有人会专门去，有人会顺便去。他们会觉得200元是自己的，不能有损失，更何况有机会拿回全款，这时他们不会计算退货的成本。

从中关村到西单，虽然距离没有多远，但打车来回至少要50元，时间超过一小时，再加上进出商场和退货的时间，小半天就过去了。这成本算下来，和200元的货款已经差不多了。有人说，自己开车去或者顺便去，不就能降低成本了吗？在北京保有一辆车的成本如果折算成里程数，是要高于出租车的，这还不算停车费和找停车位的时间。如果是顺便去，这件事恐怕好几天也未必办得成。我在《态度》一书中谈到上帝喜欢笨人时讲，一个人但凡想着顺便去办某件事，常常最终都是办不成的。

我初到美国时，发现几乎所有的商店都可以无条件退货，因此买了东西不满意就去退。后来，二三十美元的东西我就不再去退了，因为各种成本算下来，觉得这样做不合算。于是，我就把它们放在一旁，每过一个季度就送到慈善机构捐了，这样既省了时间，也方便了穷人，捐了之后我大约可以通过抵税拿回货款的20%，可能比退货还合算。当然有人会讲，你下次买东西时再去退不就好了。根据我的观察，如果一个人去一家商店购物时，退东西拿回了100元，大概率会把那100元再花出去，因为他会觉得那钱是白得的，花起来不心疼。这其实也是很多商家不介意大家退货的原因之一。谷歌刚上市的时候，一群广告主告谷歌收了一些无效点击的广告费，最后双方和解，谷歌赔了上亿美元。但是，这些钱给到广告主后，他们又都把钱投入谷歌买广告了，而且因为钱是"白得来"的，花起来也不心疼，很快就花完了。算下来，谷歌没有什么损失，广告主们也没有什么收益。

第四个误区是，很多人过于看重成本，而忽视了品质和效率。在美国，大部分人的退休金都放在富达基金（Fidelity）和先锋基金（Vanguard）中，因为它们的收费低，提供的共同基金的选项多。但是，对日常进行二级市场证券交易的人或者资产巨大的家族来讲，这两个基金公司有个问题，就是交易的速度不够快，特别是当股市交易量特别大时，这个问题特别突出。在股市暴跌时，一个人可能下了单子，两分钟也进不了市场，而这一两分钟，资本市场就有很大的波动。这时，像高盛这种高品质的券商提供的服务就非常可靠。一位过去在华尔街工作的朋友和我讲过这样一段经历。

"9·11"事件之后，互联网股票崩盘了，因为美国股市没有跌停的说法，所以就连当时最坚挺的雅虎都很快跌了90%以上。由于大家恐慌性抛售，导致通过在线交易的单子很难进去。那时，在大券商那里开户的人，基本上可以在第一时间抛掉股票止损，但是那些在廉价的网上券商开户的小散户，只能眼睁睁地看着自己的股票下跌。等到他们放到市场上的交易被执行时，已经多损失了好几成。我的这位朋友当时在纽约工作，直接到纳斯达克交易所，果断地处理了自己的股票，减少了损失。

绝大部分时候，高品质的产品和服务与普通品质的没有明显差别，它们的差别只有在关键时刻才会显现出来，而且特别明显。当然，获得高品质的产品和服务需要增加成本。

我买车不在乎牌子和外观，但有一个原则，就是车的安全性要非常好，加速还要比绝大部分车快，为此我愿意多花一点钱。为什么要坚持这两点？因为安全性涉及我自身的安全，而加速快也是出于安全性的考虑，这样可以极大地降低换道和上高速并线的风险。当然，我开了半辈子车，既没有撞过人，也没有被人撞过，和车的性能足够好有很大关系。绝大部分时候我们并不需要很快加速，但是多一份保障总是必要的。

成本意识应该伴随我们每一个人的每一天，这样才不会付出了高额的隐性成本而不自知。当然，一个人要想每件事都做到成本低、回报高是很难的，更何况在追求低成本时需要做很多比较，而比较本身也是有成本的。我们所追求的应该是让回报和成本的比例在整体上达到最大，对此，我有三点体会可以和大家分享。

第一，不要光算明面上的成本，还要算隐性成本，我们前面谈的内容大多是关于隐性成本的。明面上的成本加上隐性成本才是总成本，总成本低了，回报率才会高。

第二，人的格局要大、境界要高，贪小便宜的事情永远不要去做。比如很多人年收入几十万元，就是舍不得花钱买正版软件，还在用盗版的，其实使用盗版软件有很多潜在的风险，特别是安全性隐患。很多人等出了问题才想到自己当时贪小便宜吃大亏，但是下一次遇到小便宜他还贪。这种人就是格局太小、境界太低，而且恐怕一辈子也改变不了。

第三，对于那些好得难以置信的事情要特别小心，免费的东西、特别便宜的东西都属于这一类。在互联网上有一句话颇有道理——"你惦记别人那点利息时，别人在惦记你的本金"。今天各种爆雷的非法集资，都是通过高利息吸引人，当你发现有便宜可以占时，通常是陷入麻烦的开始。中国有句话叫作"卖的总比买的精"，讲得就是这个道理。对于各种好得难以置信的事情，我的态度是一概不理会，因为没有那些奇迹发生，我也活得很好。虽然我周围总有一些人得到了难以置信的惊喜，但我也不会眼红，因为我更希望生活是自己能把握的，而不需要依赖那些难以置信的事情。

没有体量创造不了奇迹

著名投资人巴菲特从来不隐瞒他的投资方法，而且他在股市上的操作也是公开的，大家完全可以仿照他的做法去做。不过，那些号称"下一个巴菲特""女巴菲特""中国的巴菲特""某地区巴菲特"的人，都是风光一时，然后就悄无声息地淡出投资圈了。照理讲，巴菲特的成功经验是可以复制的，但是几乎没有人做到，这又是为什么呢？

这里面的原因有很多，但至少有三个因素值得我们了解，并且平时做事时要提醒自己注意。第一，严守纪律。巴菲特做事有自己的原则，比如不做空股市，不使用杠杆投资。任何违反原则的事情，哪怕那件事看起来有利可图，他也不会去做。第二，运气足够好，活得足够长。巴菲特赶上了人类历史上最长的和平年代，即二战后近80年的和平，美国的经济大环境非常好。同时他活得特别长，如果从1964年巴菲特控制伯克希尔－哈撒韦公司算起，到今天他已经在股市上经营了58年。第三，也是最重要的，在巴菲特年轻的时候，很少有人会坚持做长期价值投资，而那时的资讯也不够发达，市场的有效性没有今天这么好，以至像可口可乐那样缺乏时髦概念的好股票很多人看不上。而等到20世纪80年代，很多人也开始像巴菲特那样做长期价值投资后，他们的体量已经无法和巴菲特相比了，很多巴菲特能做的事情他们不能做，因此结果也就没有巴菲特好。

体量其实就是这一节我们要讲的重点。

中国的股民通常把巴菲特称为"股神"，认为他的成功是因为会炒股，甚至有人出几百万美元请他吃饭，询问炒股经，谁知巴菲特当场就说他不会炒股。这倒不是因为巴菲特谦虚，事实也是如此，他从不"炒"股，而是靠投资并且经营他认为好的生意而赚钱。

巴菲特具体的做法是这样的：首先他找到好的生意，就是那种几乎人人需要，能够几十年也不会衰退的生意，比如银行业、保险业，以及和人基本的物质需求相关的产业；其次他找出那些有发展潜力，但是近期内表现不算太好的企业——有发展潜力能保证企业长久地赚钱，近期内表现不好会让企业的价格比较便宜。

但是，市场是有效的，大家对一家企业的估值低，是因为它有问题，只值那点钱，而并非巴菲特捡到了便宜，别人捡不到。巴菲特最大的本事就是他能够化腐朽为神奇，让一家短期内表现不好的企业走出低迷的困境。通常，一家资质很好的企业身处一个能够长期赚钱的行业，还表现不好，那一定是管理层出了问题，这时，只要换掉管理层，经营情况就会好转。巴菲特投资的企业并不多，但是在每家企业中占股的比例都很高，这样他就能派人进入董事会，换掉不称职的高管，然后监督那些企业的运营。

通过这种方式，巴菲特就能让那些有长期潜力，但是近期低迷的企业重新起飞。这件事别人是做不到的，他们一方面不会像巴菲特那样坚持原则，坚持长期利益，另一方面也没有巴菲特的体量。比如，你按照巴菲特选股的方法看中了一家深处非常赚钱的行业却发展不好的公司，买了那家企业一万元的股票，接下来你等着那家公司出现奇迹。但结果是，那家企业的问题依然存在，然后它不断烂下去，直到最后你完全失去了信心，割肉退场了事。

你和巴菲特的差别首先在于体量,没有他的体量,是创造不出奇迹的。当然,一些资金充足的对冲基金是有巴菲特的体量的,它们也能对一些企业进行改造,在短期内提高业绩。但是对冲基金从来不做长期投资,因此它们也就无法像巴菲特那样获得长期回报,这当然是另一回事了。

20 世纪 90 年代后,很多人完全按照巴菲特的仓位购买股票,学巴菲特的理解改组管理层,监管各企业运营,尽管他们也得到了红利,但依然没有获得和巴菲特同样的回报,这是怎么一回事呢?答案也和体量有关。

巴菲特的伯克希尔 – 哈撒韦公司从 1964 年至今(2022 年第二季度),平均年回报率是 15%,这是相当可观的。但在这些回报中,每年大约有 2% 是该分红而没分红的部分,这部分加入了复合增长,几十年下来的影响不可低估。这怎么理解呢?我们来看一个具体的例子。

比如你买了可口可乐公司的股票,在过去的半个世纪里,可口可乐股价的复合增长率大约是每年 11.7%,同时它每年会发 2.8% 的股息,有时还会派发特殊的股息。如果你算上股息,其实可口可乐公司股票的平均回报率是每年 14.5%。按照 14.5% 的复合增长率增长半个世纪，1美元可以变成871美元，而按照11.7%的复合增长率增长同样的时间，1美元只变成了252美元，前者是后者的3.4倍。通常，大部分人收到股息后就会花掉，因为它们是现金，每年数量也不多，似乎也干不了什么大事。而巴菲特会怎么做呢？他会要求那些每年派息的公司不以现金的方式给伯克希尔－哈撒韦派息，而是以更多股票的形式回报他。当然，他也不会给自己的持股人派息。不要小看每年2%的利息，如果没有这2%，伯克希尔－哈撒韦公司股票的复合增长率就是13%，58年下来，股价只有今天的30%。

为什么不派发股息这件事巴菲特能做到，而你做不到呢？就是因为他的体量大。一方面，巴菲特公司的体量能够控制所投资企业的股息发放；另一方面，作为一个投资大公司，它可以利用税收上的技巧将股息的税率从35%降到7%，这样它就能以更快的速度实现复合增长。

因此，即便你像巴菲特那样买了可口可乐公司的股票，投资复合增长的速度每年也比他慢一点点，时间一长，差距就拉大了。而你无法像巴菲特那么操作，是因为你的体量不够大。即便你是一个非常自律的人，得到的那点股息也用来买同样的股票，但是你还要交不菲的所得税，而巴菲特的公司相应的税率只有你的20%，甚至更低。总之，即使你做和巴菲特一模一样的事情，你的投资收益也不可能和他一样好。

那么是否把钱交给巴菲特，让他替我们管，我们就可以财富自由了？这也要看体量。

假如你20年前把钱交给他，今天是否能实现财富自由呢？其实也不能。20年前伯克希尔–哈撒韦公司的股价是7万~7.5万美元，今天是42万美元左右，涨了不到5倍。当时在中国有100万元存款的人可不多，如果让巴菲特帮你投资，今天也不过是600万元，还不够在一线城市买房。哪怕你有足够的耐心，再坚持20年，假设巴菲特的继承人还能秉承他的投资理念做到20年涨5倍，20年后也就是3600万元，考虑到通货膨胀，估计这笔钱也就够买一线城市的一套房子。当然，你如果当初有一个亿，20年获得5倍的回报还是很可观的。也就是说，对绝大部分中产阶层来讲，就算你有巴菲特的投资水平，指望在股市上赚钱富裕起来，也不是一个现实的想法。

当然，如果你观察巴菲特近20年的投资表现，可能已经发现他的表现大不如从前了。你的观察的确没有错。事实上，从1982年到2002年，巴菲特在那20年的投资回报是200多倍,他的神话其实是那段时间创造的。他近20年不如过去,不是因为他老了,而是有三个原因:一是资讯的发展让市场的有效性更好,不容易捡便宜了,这一点我们会在后文专门讨论;二是因为他错过了信息革命的大潮;三是因为他的资本帝国体量太大,很难像过去那样获得快速增长了,当然他也没有必要追求高增长了。

体量大了也有弊端,我们先说一个极端的情况。假如伯克希尔－哈撒韦公司的市值从现在起依然保持每年10%的复合增长率继续增长,而全世界的财富以每年2%的复合增长率增长,那么总有一天,全世界20%的财富会掌握在该公司手里,这时候麻烦就来了。接下来,该公司要么不能再按照每年10%的复合增长率增长了,要么全世界除它以外财富增长是零,这显然是矛盾的。事实上,虽然今天伯克希尔－哈撒韦的市值只有美国股市的0.7%,但是它的体量太大了,动不动翻番增长的可能性已经没有了。我在《浪潮之巅》中介绍过诺威格定律,说的是当一家企业已经占有50%的市场份额后,它就不要指望市场份额能翻番了。这是大企业普遍存在的一种困境,伯克希尔－哈撒韦也不例外。另外一家曾经投资回报比它还高的对冲基金——文艺复兴技术公司,其实在体量很大后,回报也大不如前了。

最好的投资是自己的专业

我们上一节花了很大篇幅来谈论伯克希尔-哈撒韦,一个目的是打消大家在没有多少钱的时候,就指望通过投资赚大钱的幻想,另一个目的则是说明体量和效率的关系。每个人都希望自己发展得好,各种收益越来越大,但这时脑子里需要有"体量"这个词,体量太小是不行的。我们不妨从两个维度来考虑体量的问题。

第一,我们发展的空间和环境。

我在《见识》一书中讲过一个现象,就是很多从央视出来的主持人和记者创业都不成功,其原因是他们离开了央视这个体量很大的平台。这就有点像过去把钱放到伯克希尔-哈撒韦里面做投资，后来自己用同样的理念买股票投资。由于没有了过去的体量，过去能做成的事情，今天就做不成了。比如过去要采访一个一线的互联网公司创始人，那些人哪怕再忙，想到能够上央视露脸，为自己做广告，都会答应下来。但是当同一个记者代表自己的自媒体去约他们时，他们就会很客气地说没时间。

我常常和年轻人讲，第一份工作最好找一个好单位，因为你需要借助一个平台发展。平台的体量相当于杠杆，可以将自己的贡献放大，而且能够让你做出单干做不出的事情。比如你是做技术的，到了单位后，人事、财务甚至销售都不需要操心，这让你能够在技术上加倍进步。如果一个人干，你需要抽出时间来处理上述事情，进步就慢了。即使你不是一个人干，而是在一个小单位，杂事特别多，也无法保证专心致志地把自己想做的事情做好。这就如同你自己买股票，每年股息的回报率是2%，而加入复合增长中，两者在短时间内差异不明显，但时间一长，总的增长就会有很大差异。

但是，太大的机构也未必是个好去处。大机构里面的内耗通常比中型机构多得多，发展也非常缓慢，甚至还时常退步。一个人成长的速度主要受到三个因素的影响：自身的进步、所在单位的发展速度，以及环境赋予的杠杆，它们之间基本上是乘法关系。自身成长的速度比较好理解，我们就不赘述了。环境赋予的杠杆也不难理解，一个华为或者腾讯的技术总监，到社会上比大部分小公司的首席执行官还有影响力，这就是环境赋予他们的杠杆。这两个因素都是静态的、直观的，但是第三个因素很多人会忽略，就是所在单位的发展速度。如果5年前你到了当时还是小公司的今日头条或者拼多多，成为那里的一名员工，只要你获得大家平均的进步速度，今天就已经很有成就了。这里的成就一半是你的努力，一半是因为你搭上了一辆快车。相反，如果你5年前到中国移动、中国联通，甚至到了腾讯，都不会有太多晋升的机会，因为那些企业基本上是在按照惯性发展，有时还会停滞甚至衰退。

第二，我们投入精力和资源的方向。

我上大学两个月后，生活费结余了10元钱。假如当初我有机会购买千分之一股的伯克希尔－哈撒韦公司股票（当时1股的价格是1500美元），到今天会涨近300多倍，这个回报率算是很高了，但也只是3000元而已。而我当时拿出一半的钱（5元）买了一本牛津大字典，要知道当时一本大学教科书才1元，所以字典的价钱算是相当贵了。但是对我来讲，把钱投在牛津大字典上，显然比投在伯克希尔－哈撒韦公司股票上回报率更高，因为如果我没有学好英语，就没有后来的成就。因此，最好的投资就是把钱、时间和注意力投资到自己的事业上。

每一个人都会有特长，在你擅长的方向，你的体量会特别大，当然这时的体量是你的知识、技能和在相应领域的人脉。比如你很擅长数学，你就能用数学办到别人办不到的事情，即使你遇到问题需要请教人，你也知道找谁，而这是专业以外的人做不到的。因此，在自己所从事、所擅长的领域和别人竞争，就是主场作战，事半功倍。比如，你每周工作之余有10个小时自己的时间，你可以拿来研究炒股，或许你能够成为一个业余高手，但是由于体量的问题，你达到巴菲特的收益率不容易。就算你达到了，一年有15%的回报率，比股市平均的回报率还多出几个百分点，然而你的本钱太少，一年也就多收入几千元。如果你把这10个小时用来做一件和你专业相关的事情，由于你很容易在自己熟悉的领域调动起很多的资源，坚持一两年下来可能会做出一些很有创造性的工作，也许会有人花钱买你的知识产权，甚至有人会资助你创业。在硅谷，绝大部分创业公司其实都是这样诞生的，很少有人是拍脑袋想出一个好点子，然后成功的。即使你不打算做点自己的事情，你把这10个小时用来加班，每年获得的奖金也会比几千元多，更何况当你的绩效连续几年超出预期后，还能获得晋升的机会。

截至 2022 年 9 月 30 日，福布斯全球亿万富豪榜上，巴菲特大约排在第五位，是非常了不起的。不过前四位，包括马斯克、贝佐斯和盖茨等人，过去都不如他富有，而且那些人的钱加起来连他财富的零头都不到。不过，这五个人都有自己擅长的行业，他们都是在自己的行业里发展，而不是去炒股投资，最终他们靠在主场作战的优势超过了巴菲特。当然，我们绝大部分人的财富可能连他们的万分之一都没有，不过，如果我们把自己看成他们的缩小版，缩小成十万分之一，甚至一百万分之一，我们该选择走什么道路是再清晰不过的。

最好的投资，一定是在自己的专业上。

不要试图战胜市场

世界上永远有一大群人，觉得自己能够战胜市场。所有买卖单只股票投资的散户和非股指基金的管理人，都相信自己能做到这一点。很多试图按照自我意识规范市场的管理者，也属于这种人。但事实是非常残酷的，几乎所有的散户，只要他们在股市上交易的时间足够长，不仅会远远落后于大盘，而且回报率会输给通货膨胀率。专业的基金管理人的情况也好不到哪里去，只有10%的专业人士能够做到连续三年表现超过大盘，在整个职业生涯中表现超过大盘的基金管理人几乎找不到。至于干预市场的做法，虽然有不少在短期内有效的例子，但是从长期来看，通常是得不偿失的。

为什么世界上那么多的聪明人,做不到战胜市场?因为他们一开始努力的方向就错了,他们在和市场的有效性做对。而市场的有效性是整个经济学的基础,挑战市场有效性的人,实际上是在挑战整个经济学理论。

市场的有效性

那么,什么是市场的有效性呢?在工业化初期,亚当·斯密把它解释成"看不见的手",即在一个充分竞争的商业社会中,社会分工和市场的作用可以调节资源的分配和产业之间的平衡。比如在二战期间,信息产业的龙头企业 IBM 开始生产机枪,生产汽车的福特开始生产飞机。在 2020 年全球公共卫生事件期间,全球需要口罩,中国很多工厂就转型生产口罩。这些事不需要他人告知,市场自己就会迅速做出反应。再比如,当比特币价格暴跌之后,很多在电价较高地区的矿机主就停止了挖矿,因为得不偿失。没有人告诉他们应该这么做,这就是工业产业的市场的有效性。

市场的有效性会带来两个结果:第一,整个行业只能获得一个平均的合理的利润,因为如果整个行业的利润过高,就会有新的人进入这个市场,改变供求关系,把利润压低,反之，当行业的利润过低时，就会有人退出市场；第二，市场的有效性可以调节资源的分配，这里所说的资源包括人的资源、生产资料等自然资源和资本。因此，市场的有效性对整个社会来讲是一个福音，它使得追求利润的个体在无意中增进了公共福利。

今天，我们谈论市场的有效性，更多指的是金融市场的有效性。当你看到一家公司的股票从100元跌到50元时，觉得现在买就划算了；当它从100元涨到200元时，觉得再进场买就亏了。如果你有这样的想法，那说明你是在试图打败市场，而且觉得市场错了、你对了。你有时会因此赚到钱，但是多来几次，一定会被市场打败。今天的金融市场比过去的商品市场更加有效，只要在金融市场上出现机会，就会有人加入，让成本迅速增加，让利润迅速减少。比如某家企业最近盈利特别好，它的股价就会在瞬间暴涨，让它的价格和背后的价值相一致，这就是市场的有效性。因此，当那家公司的股价从100元涨到200元时，并不说明现在买就亏了，只说明它的股价现在值200元，大家都看到了它的价值，200元在这个时间点是合理的价格。同样的道理，当它的股价从100元跌到50元时，说明它有问题，其他人也会发现问题。虽然你觉得这时买进捡了便宜，但是大家不认可，只愿意出50元买,没有人会出当初的 100 元。因此你看似捡了便宜,但是股票只能烂在手里,不可能以更高的价格卖出。

当一个人觉得自己看到了所有人都没有看到的机会时,他便是在和市场的有效性做对,也是在和最基本的经济规律做对。那么,有没有可能,那些不上市的公司因为信息不公开,能从中找到大家不知道的投资机会呢?这件事其实也很难做到,因为公司的所有者很清楚自己的价值,它经营得好,价值必然提升。而未来的投资者也知道,如果自己出价太低,就无法获得投资的机会,其他投资人就会给出更好的价格。最后,融资的一方和投资的一方基本上会按照企业真实的价格达成协议。

我在新冠肺炎疫情前投资了美国一家送蔬菜食品上门的公司,当时它的估值很低,只有几千万美元。等到全球疫情一来,这家公司的生意就好得不得了。很多投资人就问我那家公司是否还需要融资,希望能够搭上它快速增长的机会,我就替这些潜在的投资人向创始人询问了一下新的估值,结果新的估值已经提高了几十倍。这倒不是因为创始人漫天要价,而是有很多人想投进去,最终价格会增长到一个大家都接受的水平。这就是市场的有效性。

现代社会的有效性

不仅市场是有效的，现代社会也是如此。比如上大学选择专业和将来就业时，大家会发现有些热门的行业工作好找、收入高，培训的时间又短，于是会有很多人挤入这些专业。于是这些行业很快会出现供大于求的情况，会有很多人找不到工作，而有工作的人也会受到降薪甚至被裁员的压力。今天比较热门的信息技术行业便是如此。如果一个行业入行的门槛较高，虽然收入高，但是由于能够入行的人少，那么他们早期的付出会逐渐获得高回报，比如医生或者律师便是如此。

当然，每一个行业内部也有不同的层级、不同的分工，内部竞争的激烈程度会相差很远。那些只需要一两年培训就能胜任的工作，比如写一些简单的代码，竞争就会激烈。这就如同商场里的啤酒，数量太多，想多卖出一毛钱都会失去价格上的竞争力。但是，像架构师这样的工作，如果不是科班出身，不经过多年的历练是无法胜任的，因此用人单位不得不开出很好的条件。这就如同茅台酒，那个商场出价低了，其他商场就会抢走。

很多人在做选择的时候，通常只关注当下的情况或者接下来一两年的情况，于是就会选择当下最容易的事情去做。在美国，很多大学生很懒，专门挑一些容易混文凭的专业学习，这样4年的大学生活会过得很爽。但4年后的结果要么是找不到工作，要么是只能找到薪酬很低的工作。离开学校进入工作单位之后，有的人会选择最轻松的工作去做，但是这种工作最容易被替代，每次裁员时几乎首先被裁掉，而每次在涨工资时又很少被考虑到。这不是老板仁慈不仁慈的问题，而是由社会的有效性决定的。

我在《格局》一书中讲了一个观点，就是"众争勿往"，哪怕是一件好事，争的人多了，好处也就大打折扣了。比如，很多中国家长在"鸡娃"时用的都是一个套路，这样做肯定不会有太好的结果，这就如同大家都想让自己的汽车变得亮丽显眼，然后都涂成了黄色，结果自己的那辆黄车并不会更抢眼。再比如，一条道路上人多了，就不可能走得快，因为成本增加，收益减少。大家应该都见过地铁出站口，因为走电动扶梯容易，而且快，所以大家都挤在那里，那条坐扶梯的路就会变得拥挤不堪，而旁边的楼梯却没人走，从那里出站反而快得很，这就是世界的有效性。聪明的人懂得寻找一条少有人走的路。

不要做违背规律的事

当然,世界的有效性能够成立需要有两个前提条件:一是充分竞争的环境,二是足够大的时空。

如果一个社会缺乏交流和竞争,是一个完全封闭的社会,那么它的有效性就不会太高。比如在中世纪的欧洲,人被分为三个等级,即教士阶层、贵族阶层和平民阶层,这是生下来就被定好的,底层人想从事贵族的工作根本没有机会,这就谈不上社会的有效性。再比如一个限制商业、限制商品交换的市场就不会有市场的有效性,这样的市场会出现一些商品多得没人要,而另一些商品则非常紧缺的情况,1990年之前的苏联和东欧便是如此。今天很多人害怕竞争,其实竞争是一件好事,因为有了竞争每个人才有机会。如果没有竞争,当一个单位给你很低的薪酬时,不会有另一家单位出更高的薪酬来请你。

由于社会的有效性,一开始谈条件吃亏的人,从长远来讲就不会吃亏。在人较多、薪酬不断调整的单位里有这样一个现象:两个水平相当的人,哪怕在求职时谈判得到的薪酬有较大的差距,两三年后基本上也会持平,因为经过一两次调整,两个人的薪酬会趋向同级员工的平均水平,起薪低的人上调的幅度较大，起薪高的人只会有较小的上调空间，甚至会持平。类似地，在一个效益好的单位里，一个努力工作、卓有成就的人，即便没有什么根基，几年下来一定比混日子和凭关系进来的人得到的机会多。为什么会这样呢？因为如果一个单位只是任人唯亲，用不了多久就会在社会上被淘汰，而没有被淘汰并在社会竞争中存活下来的，都是比较靠谱的单位。当然，这一切都是以社会本身提供了竞争环境为前提，像中国古代或者中世纪欧洲那种专制的环境，不具备上述特性。

市场的有效性要从宏观上和整体上看。在一个特定瞬间、一个具体的交易中，可能会出现噪声，让有效性暂时丧失。这就如同你把一根直线放到放大镜下去看，它是上下起伏的一样。

因此，很多人看到宏观规律在局部起伏之后，试图把握每一次微小的浮动，从中获得更多的利益。这种做法并非没有成功的先例，比如那些短期内在股市上赚到钱的人都是微小浮动的受益者。不过从长远来看，这些浮动有上有下，一个人不可能永远赌对所有的浮动方向，而且赌对一次和赌错一次叠加的结果通常不是中性的，而是会比之前有所损失，因此，长期把注意力放在微观波动上的人会有损失。此外，无论是交易证券、投入或者退出一个产业，还是换工作，都是有切换成本的。这就如同你要想改变一个物体原有的惯性，就要施加外力，而这是需要耗费能量的。在生活中，你每一次改变所消耗的"能量"就是各种成本。

那么，是否有人足够聪明，每一次微小的变动都能把握得住呢？借助别人没有的信息和工具，这件事在一定的时间内是可以做到的。比如我们说股市是有效的，但是由于在短暂的时间内会有微小的、不那么有效的情况发生，那么如果你能有一个比其他人交易更快的机器，是有可能抢在别人前面赚到钱的。由于这种做法是通过大量的、每次利润极低的交易累计出盈利的，因此它们也被称为高频交易。世界上有一些对冲基金就是这么做的，它们当中确实有一些在头几年表现很好。但是，正如我们前面所说，整个世界是有效的，当其他人看到这种高频交易有利可图时就会加入进来，并且投入更先进的交易设备，比如为了抢千分之几秒的时间往交易所专门拉一根光纤，这就使得成本上升、利润下降，最终这些基金依然只能拿到整个行业的平均水平，甚至像文艺复兴技术公司这种曾经创造股市奇迹的公司，在最近 10 多年的表现也大不如前。这并不是它的技术不好、人员不努力，而是因为做类似事情的人太多。

经常开车的人都有这样的经验，如果眼睛只盯着前方5米的位置，会把车开得左右摇摆，这是开不好车的，因此有经验的老司机的目光都会注视前方。过分关注局部微小变化的人，会失去对长期趋势的把控。看清楚这一点，就不要太在意每个局部微小的得与失，事实上它们会互相抵消。

社会的有效性不仅是经济学的基础，也是一条反映社会运作规律的公理。大家可能会发现这样一个现象，很多看似很聪明的人常常"怀才不遇"，仿佛社会总是在和他们做对，而很多"傻"人则有傻福。其实这个现象反映出前者对于社会有效性的否定，以及后者对于社会有效性的认可。总觉得自己能打败市场，钻社会空子的人，其实是在试图去做违背公理的事情。我们都知道，任何人想违背物理学公理都是没有好结果的，违背社会公理的结果也是如此。所谓"傻人有傻福"，无非是"傻人"对世界敬畏、对他人敬畏、对规律敬畏。人的境界高低不在于他的智商，而在于对规律的态度。

不怕慢，就怕停，更怕反复

凡事不怕慢，就怕停，这个道理我们在小时候听《龟兔赛跑》的故事时就懂了。其实比起停下来，很多人为了贪一时之快，一辈子总是在走走停停，在一个较长的时间段里，他们的速度并不快。

大家不妨做这样一件事，把自己从 10 岁开始每 5 年的进步写下来，这样你就会发现在很多时间段，进步的速度是非常慢的，有时甚至 5 年都在原地踏步。如果大家关注一下其他人，就会发现很多人离开单位折腾了一大圈，最后又不得不回到原单位，但是很多机会和位置已经没有了。我们在小的时候为了不输在起跑线上，恨不能早学半年的课程，结果弄得自己很辛苦。考虑到人一辈子浪费的时间太多了，我们不得不承认，当初抢的那点速度实在影响不了大局。

当然，停还不是最可怕的，更可怕的是后退，是走回头路，很多国家在去碳减碳上的做法就是如此。这里面一个失败的例子就是德国。

作为一个煤炭储量丰富但几乎没有石油的国家，德国工业在很长一段时间里依靠煤炭，而煤炭产生同样能量排放的二氧化碳几乎是石油的两倍。二战后，德国一方面进口石油，另一方面发展核能。到21世纪初，德国的能源结构已经比较合理了，燃煤只占到能源供应的1/4以下，而且还在不断减少。

2005年，默克尔上台后推动了更激进的清洁能源计划，大幅减少对化石能源的依赖。当时，民众因为乌克兰切尔诺贝利核电站泄漏事件产生了对核泄漏的恐惧，全民公决决定逐渐关闭核电站。但如果这样，德国可再生能源产业发展得再快，也很难赶上传统能源退出所产生的漏洞。于是默克尔在任期内实施了一项非常有争议的计划，即从俄罗斯大量进口天然气，弥补关闭核电站所产生的能源不足问题。为什么这项计划有争议呢？一方面是因为使用天然气依然会产生二氧化碳，只不过比使用煤炭减少了一半而已，远比不上近乎二氧化碳零排放的核能。另一方面，近来的研究表明，虽然天然气产生的二氧化碳少，但是它的主要成分甲烷所造成的温室效应却是二氧化碳的近百倍，而开采天然气难免会有部分泄漏。当然这些还不是主要的争议焦点，最大的问题在于德国本身不产天然气，需要从俄罗斯进口，而把自己的能源命脉交给一个并不安定的国家是很危险的。尽管国内有很多反对声音，但是强势的默克尔还是在她长达16年的任期内推行了依赖俄罗斯天然气的政策。最终，在2022年俄乌冲突期间，这一政策酿成了德国的能源危机。德国没有办法，只好重新启动燃煤电厂，解决天然气短缺的问题。这样，德国在过去十几年里去碳方面的努力就大打折扣了。德国原计划在2045年实现全国的碳中和，而为了实现这个目标，至少要在2035年实现发电领域的碳中和。2022年，德国在提交联邦议院表决的草案中，2035年的这一目标已被删去，因为现在看来已经很难达到了。

当然有人会说，默克尔制定政策时也没想到欧洲会发生战争。治国不是过家家，哪能什么风险都不考虑，更何况是制定影响国家几十年的政策。

类似的情况也出现在很多其他国家，虽然它们没有像德国那样受到地区冲突的影响，但是因为淘汰传统能源太快而出现能源短缺，不得不恢复使用煤炭，这让那些国家又走回过去的老路。一些国家二氧化碳的排放在逐年减少了几年之后又开始增加了。这种来回反复，大约10年的时间就浪费了。

对个人来说，有的人努力了很长时间，一旦走回头路，不仅有可能回不到原点，还可能后退不少。做过投资的人都懂这样一个道理，你先赚了50%，又赔了50%，最终只会剩下原来资产的75%。

我小时候读《水浒传》，很羡慕那些快意恩仇的好汉，也为他们后来的遭遇感到惋惜。后来再读《水浒传》，我就不赞赏里面好汉们的选择了。这些人几乎都是折腾一圈回到原点，原来打鱼的还是打鱼，种地的还是种地，当军官的还是当军官，但绝大部分人丢了性命。对于社会，他们也没有什么贡献，在伸张了一些正义的同时也欺压残害了很多无辜的人。总之，一切回到了原点。后来我做事就坚持一个原则：不折腾。

黑格尔在他的《历史哲学》一书中指出，人类实际上有三种历史：社会的历史、文明的历史和反省的历史。过去中国"二十四史"中所描绘的历史其实只是社会的历史。文明的历史在过去是被全世界的史学家所忽视的，但它实际上才是社会进步过程中最重要的部分。和其他历史不同，文明的历史是一直向前的，一项科学成绩、一种技术一旦出现，就会对社会产生影响，世界就不会退回到没有那种技术时的状态。这一点我在《文明之光》和《全球科技通史》中都详细地介绍过了，这里不再赘述。反省的历史，是促进人类向善、社会变好的动力。没有了反省，人类会不断地犯错误，原地踏步。整个欧洲从古希腊开始的历史，就是人们不断思考、不断反省的历史，所以同样的错误才没有犯多遍。

人也是如此。我常常利用黑格尔的这个工具，把人的一生分为活动的经历、进步的经历和反省的经历。活动的经历就是人们经常说的生存、生活、学习、工作等经历。如果人一生的经历仅仅是每日的这种活动，是不会有什么进步的。在农耕时代，如果一个农民每年年初订一个计划，年底做一个总结，他只要把每年的年号换一个，其他内容几乎不需要改变，因为他的生活是一种循环，不是进步。今天我们虽然已经远离了农耕时代，但很多人的编年史依然和过去的农民没有什么区别。我们希望看到的是在每个人的编年史中进步的痕迹。这种进步哪怕慢，也不应该原地踏步或者简单循环，更不能后退。因此，人需要不断提升自己的能力。人的财产、地位和荣誉都有可能消失，但是本事是属于自己的，一旦掌握了，别人就拿不走。

除此之外，每个人作为独立的个体也需要不断反省。一个人如果能够每过一段时间就记录一下自己的得与失，然后进行思考和反省，要想进步得慢都难。在今天的现代管理制度中，考核和评定实际上就是一种强制的反省制度，但遗憾的是，绝大多数人会把自己的考核评语扔到一边，从来不反省别人给自己指出的不足。能够认认真真读一下自己的考核评语，并且刻意改正自己缺点的人，在单位里通常都会晋升得很快。

当然，我们在日拱一卒地进步时，希望的是自己在做乘法，而不是做加法，这就是我们接下来要谈的内容了。

可重复的成功

我们先来看下面两张图,这是两位心脏搭桥医生做手术的记录,○代表成功,×代表失败。第一位医生收费 10 万元,第二位医生收费 3 万元,你会找谁做手术?

虽然两位医生大部分时候都能把手术做成功，但是毕竟第二位医生时不时要出事故，而第一位医生手术表现要稳定得多。考虑到我们的性命有可能终止在手术台上，所以我们宁可多花点钱也要找第一位医生。

不断复制成功是一种能力

可见，可重复性的成功，对人类、对个体都是至关重要的。

我在大学读《曾国藩家书》时读到一个细节，曾国藩经常在信中告诫家人，不要信鬼神、信巫师、信医生。为什么不要家人相信医生呢？曾国藩说，良医七分治人三分害人，庸医三分治人七分害人。曾国藩的观点在当时是很普遍的，因为医生能否治好病人的疾病基本上是一个随机事件，即便是在相同的条件下，复制过去的成功也不是一件容易的事情。类似的情况也发生在欧洲，当时近10%的产妇死于产褥感染，一个助产师让前一个产妇平安出院后，并不能保证接下来的产妇平安。事实上在过去，不仅在中国，在西方大家对医生也是将信将疑的，因为医生在治疗疾病上的成功很难被复制。全世界普遍相信现代医学，是青霉素发明之后的事情。

不仅是诊断疾病这种带有不确定的事情过去的人做不好，就连印染绸缎、制造瓷器这种事，古代的工匠也不敢保证第一批做成之后第二批还能做成。《红楼梦》作者曹雪芹的家族过去两代担任江宁织造，为皇家提供丝绸锦缎。到他父亲曹頫（一说曹颙）担任这个职务时，制造出的锦缎居然掉色，结果被革职，这是他们家族衰落的原因之一。历史学家通常会把这件事简单地归结为曹頫办事不认真，但是印染绸缎这种工艺成熟的工作放在今天做不好都难，而在当时，做出两个批次同样质量的产品并非易事。

今天我们把这种现象称为"不专业"。大家看专业选手打球，他们每一次挥拍或者挥杆动作基本上是一致的，同样的动作产生的球速和落地都是相同的，这样他们就可以在球场上贯彻自己的意图。相反，业余选手打球总是球满天飞、满场飞。这些人偶尔也能打出好球，甚至会歪打正着，让对手猝不及防，但更多的时候打出的都是烂球。不专业会导致随意性和不确定性，因此几轮交手后，专业选手和不专业的选手高下立判。

一个人无论在什么方面要想走得比别人更快，取得可重复的成功是一个最基本的要求。对自己来讲，学会做一件事之后就总能做成，不仅能节省时间，而且能够增强自己做成事的信心。对他人来讲，这样的人才值得信赖，所以能获得更多的机会。如果一个人做事时灵时不灵，你是不敢把重要的事情交给他的。经营过互联网企业的人都有这样的经验，如果互联网的服务不稳定，哪怕每天只有5%的时间服务中断，不出一周后，用户也会跑掉一半。

不断复制成功是一种能力，但是很多人并不重视这种能力，觉得一件事自己做成过，就会做了，遇到同样的情况都能应对，但事实并非如此。不信的话，你可以做一下小学生的加减法练习题，很多人还真不能每次都做对，这件事我是经历过的。

"文革"结束之后，清华附中鉴于"文革"期间学生的学业差距较大，出了100道正负数的四则运算题摸底。这些题极为简单，都是个位的整数运算。当时很多中学生做完不及格并不奇怪，奇怪的是，他们的家长，也就是那些大学老师出于好奇拿起来做，很多人也拿不了满分。当时我上小学五年级，已经能做这些题了，我当时对那些叔叔阿姨会做错这件事很吃惊。后来我明白了，很多人虽然本事不小，但自始至终就没有掌握复制成功的方法论。

复制成功的方法

当成功不可复制时,不仅人的进步慢,整个人类的进步都会很缓慢。人类从有文字到近代经历了6000多年,进步速度之慢超乎大部分人的想象。要知道,当年古巴比伦人工作一天能获得6~7升的谷物,而在中国全面开始工业化之前,农民的收入水平和当年的古巴比伦人没有什么本质区别。如果读一读历史就会发现,在近代之前,无论是在政治上、商业上还是在文化艺术和科技上,一个人的成功经验很少被他人、被后人学习到。因为人们既搞不清楚成功的原因,也总结不出复制成功的步骤,甚至成功者自己都不能再复制一次,但是失败的情况却变着花样地出现。

人类真正做到把复制成功变为常态,是近代以后的事情。这主要是因为人类从那个时期开始受益于理性主义的方法论,对此贡献最大的是笛卡儿和莱布尼茨。他们总结出了一整套所有人都容易学会,而且非常管用的科学方法。按照他们的方法,不论是谁,都能很容易地复制过去自己以及他人的成功,而且面对以前没有解的问题,也能一步步找到答案。我把他们的方法总结为"刨根问底"和"按部就班"8个字。前四个字概括了莱布尼茨的哲学思想,后四个字概括了笛卡儿的方法论。

莱布尼茨强调凡事有果必有因，除了像"单身汉就是不在结婚状态的人"这种自己解释自己的真理，任何真理都有成立的原因和存在的条件。因此，我们不能满足于仅仅知道真理本身，还需要刨根问底，搞清楚它们成立的原因，这是我们获得可重复的成功的基础，我们不妨来看一个简单的例子。

> 我们都知道水烧到100℃就会开，但是又有多少人真的想过它为什么会开呢？你跑到青藏高原去烧水，水烧到80℃就开了，但做出来的饭都是夹生饭，以前的成功经验就不可重复了；你在一个水质较硬的地方烧开水，烧到100℃还没有开，显然这也无法重复过去的成功经验；你用微波炉加热水，水看似没有开，结果从微波炉里拿出来的时候不小心一碰，水就会炸出来把你烫伤了，水烧到100℃就会开的经验又没有重复。

你是否注意到，人这一辈子时常会遇到这种"意外"。但是，当你知道了水为什么会从液态变成气态，不仅上述现象都能解释，还能知道在不同情况下会得到什么结果。因此，莱布尼茨告诉世人，我们只有通过理性，搞清楚真理成立的充分条件，才能搞清楚问题的本质，才能回答所有同一类的问题。

讲回前面提到的产褥感染，这种夺走无数产妇生命的疾病是如何被控制的呢？这要感谢一位叫塞麦尔维斯的匈牙利医生，他发现了产褥感染和接生医生经常做实验导致手不干净有关，因此他提出医生要洗手。出问题的原因找到了，产妇的生死就不再是一个随机事件了。当然，塞麦尔维斯并不知道为什么手不干净就会让产妇染病。后来，著名的生物学家路易斯·巴斯德和医学家约瑟夫·李斯特发现，原来我们肉眼看不见的细菌会导致疾病，于是在医疗上一整套消毒流程被总结出来，不仅产妇不会死于感染，做手术或者其他治疗的死亡率也大大下降。

近代以来，科学和技术迅速发展，人类的文明成就不断革新，这和人类懂得如何寻找问题的真正原因，而不是胡乱猜测原因有关。在此之前，人们遇到问题都是胡乱找原因，胡乱给出解释。有些时候碰巧找到的原因是对的，事情就做成了，但是条件稍微一变，成功就不可复制了。近代之后，人类掌握了科学地研究问题、解决问题的方法，这里面贡献最大的是笛卡儿，他总结出一套科学方法，写成了《方法论》

等论著。笛卡儿的方法论教给我们一种能够不断成功的做事方法，它分为五个步骤。

第一，先提出问题。提出问题是解决问题的第一步，有时也是关键的一步。

第二，大胆假设，小心求证。这也是一句名言，但它实际的含义并不是字面意义这么简单。笛卡儿原话是这么说的，"首先，我们一旦认定已经正确地感知了某件事，就会自发地相信它是真实的。现在，如果这种信念如此坚定，以至我们不可能有任何理由怀疑所确信的东西，那么我们就不会再进一步探究为什么了：我们已经懂得了想要的一切……因为我们对所做出的假设是如此确定，以至我们根本不相信它们会是不对的，而这样的假设，分明就是最完美的肯定"。

从这段话可以看出，所谓的大胆假设不是胡乱假设，而是说不能事先设定结果，那样会把可能的原因排除在外。关于如何求证，笛卡儿认为需要进行实验。这里，笛卡儿讲的实验不限于科学实验，比如，你按照某种理论投资一只股票，然后看看结果是否符合预期，就是一次实验；你借给张三500元，看看他是否能按时还，也是一次实验。

第三，从实验中得到结论和解释。得出结论相对而言是一件容易的事情，但是给出合理的解释却不容易，只有完全符合逻辑的结论才是正确的结论。有些时候，对于同一个现象可以有不同的符合逻辑的解释，我们一时难以判断哪个是正确的、哪个是错误的，但是，不同的结论总是有好和不好的差异，而我们要相信的是那些相对好的结论。

第四，将结论推广并且普遍化，只有这样我们才能举一反三，才能获得可重复的成功。

第五，将结论推广到实践中，找出新的问题，如此循环反复。我们学习知识也好，获得技能也罢，不是仅仅为了知道它们，而是希望通过使用它们获得更多的好处。但是，我们在使用它们的时候，必然会遇到新的问题，为此，我们需要重复前面的四个步骤去解决问题。这样，当掌握了做事情的方法时，我们就不怕遇到新问题了，也只有这样才能不断获得成功。

在笛卡儿提出方法论之后，科学成就和新技术便井喷式地涌现出来，因为任何人掌握了科学方法论都有可能做出发明创造。而在此之前，发明创造是少数聪明人运气好的偶然发现，不可重复，因此人类进步特别慢。更要命的是，一些偶然的发现都未必能重复，因为它们可能就是机缘巧合的结果。

今天，我们要花很多时间学习基础科学知识，很多人觉得自己今后也不搞科学研究，学习这些知识是浪费时间。其实学习科学重要的不是记住那些知识点，而是明白这个世界背后最基本的原理，这是我们今后获得可重复成功的基础，当然比这更重要的是学会科学的方法，让我们能够不断解决各种未知的问题。

世界上做事情的方法论有很多种，但只有科学的方法论才能保证复制自己和他人的成功。我们为什么要花那么多时间学习基础知识？因为我们学会了那些知识，就可以轻而易举地复制前人花了千百年才能取得的成就，让我们有一个很高的起点再往前走。今天科学的方法不仅被用于科学和技术领域，而且被广泛应用于各行各业。

著名的NBA（美国职业篮球联赛）篮球队金州勇士队，团队管理者都是硅谷的科技精英，他们为球队配备了数据分析的工程师，球队每次遇到问题、解决问题的方法就非常符合笛卡儿的方法论，而不是凭感觉、凭经验来。比如球队面对超强对手时会有很大的防守压力，为此球队做了很多尝试或者说实验。他们在计算机的帮助下，发现了德雷蒙德·格林在各方面条件虽都不起眼，却能有效防守包括詹姆斯在内的超级球星，随后教练在战术中专门安排了格林的角色。两年后，格林就入选了全明星队。

我和格林当面交流过，格林讲，球队成功的关键是大家要明白为什么赢了、为什么输了，教练为什么这样制定战术，这样球队才能不断进步，不断赢得比赛。另外，勇士队的主力球员都是自己培养出来的，因为他们有一整套培养球星的方法。很多年轻球员在勇士队历练一段时间后转会到其他球队，马上就会成为主力球员。勇士队通过采用科学的方法，做到了让成功变得可复制。这支球队在过去的8年里，6次进入总决赛，4次获得总冠军，成为21世纪最亮眼的篮球队之一。

因此，当我们能够获得可复制的成功之后，就可以考虑再往前进一步了，做出一点过去他人没有做出的成就，当然这些成就需要在前人成就的基础上做叠加，而不是从零开始。

可叠加的进步

只是重复过去的成功还很难给社会带来实质性的进步,而任何实质性的进步都需要在之前的基础上做叠加。为了便于理解什么是可叠加的进步,我们先来做一个简单的游戏,游戏有两种方式。

第一种方式:你面前有一张纸,纸上写好了三个成语,比如"围魏救赵""自相矛盾""鸦雀无声"。你可以从这三个成语中的任何字出发,查词典找出新的成语,然后再写到纸上。接下来你又可以从纸上的任何字出发,继续查词典找成语。给你 10 分钟,你能写出多少成语?

第二种方式：你面前有一张白纸，你可以把你想到的成语写上去，但是你每写好一个成语就要被覆盖起来，然后你需要再想一个成语写上去。同样是 10 分钟，你能写出多少成语？

请问以上哪一种方式写出来的成语多？毫无疑问，是第一种。因为前面的成语提示了后面的成语，或者说后面的成语是叠加在前面成语基础之上的。而如果采用第二种方法，每一个成语都是脑子灵机一动想到的，彼此没有什么关联，那么你会发现，到后来你常常会把前面已经写过的成语再写一遍。

可叠加的进步很重要，对社会和个人都是如此。我们先说说社会。

伟大的发明都是叠加的结果

人类在历史上的进步有两个高峰，从轴心时代到古典文明时期是第一个高峰，近代科学革命以来是第二个高峰，在这中间是长达千年的低谷。两个高峰时期有一个共同特点，就是它们的进步是在前面基础上不断叠加的。低谷时期则相反,它是一个不断循环重复的过程。

所谓轴心时代,是指从公元前 8 世纪开始到公元前 3 世纪左右,在欧亚大陆北纬 25 度到北纬 35 度之间的一个地理带上,各个早期文明同时在哲学思想和宗教领域达到一个高峰。孔子、佛陀、古希伯来的众先知、波斯的琐罗亚斯德(别名查拉图士特拉)和古希腊的"三杰"(苏格拉底、柏拉图、亚里士多德)都生活在那个年代。人类的哲学、思想和宗教基础都是在那个时代奠定的。随后的东西方古典文明,即东方的秦汉帝国和西方的罗马帝国,是建立在轴心文明基础之上的。古典文明结束于公元 5 世纪,无论是技术、经济还是社会整体发展水平都在这个时期达到了一个高峰,同时也奠定了天文学以及数学中的几何学的基础。

人类进步的第二个高峰始于 17 世纪直到今天,这个时期的进步也是不断叠加的。在两次高峰之间的便是东西方长达千年的缓慢发展阶段。西方直到文艺复兴后期和大航海时代开始,才重新有了真正意义上的科学,而东方是近乎长达 2000 年的王朝更替模式,到 19 世纪初,中国的人均收入相比于西汉初年都没有本质的提高。中世纪最大的亮点是伊斯兰文明,但它的黄金时代只有短暂的三个世纪而已。

为什么人类在长达千年的时间里鲜有进步呢?过去很

多人把它简单地归结为中世纪的黑暗,今天已经否定了这种看法。事实上,中世纪真正黑暗的时期在 8 世纪就已经结束了。从 8 世纪开始,欧洲经历了所谓的加洛林文艺复兴(Carolingian Renaissance)。加洛林王朝的查理大帝及其继任者在欧洲推动着早期的文艺复兴运动,在文学、艺术、宗教典籍、建筑、法律、哲学方面都有所进步。国王和教会从那时开始恢复和兴办学校与图书馆,教士开始研究自然哲学,也就是科学,并且一些学者还取得了成就。到 11 世纪,欧洲已经出现了现代意义上的大学。但是,在那长达几百年的时间里,人类没有什么拿得出手的成就。中世纪的学者鲜有交流,各地研究自然哲学的修道士们不停地研究同样的东西,后人不断犯着和前人相同的错误。因此,今天在写科技史时,几乎可以把这段时间跳过去。中国的情况也类似,技术总是在发明、失传、再发明、再失传的怪圈中低水平地循环复制。因此,无论是西方还是东方,在整个中世纪,都没有建立起任何新的科学体系,以至当近代科学真正起步时,要在古希腊的基础上开始。

那么,古希腊和近代的科学与世界上其他的知识体系有什么不同呢?它们有三个显著特点,即经得起验证的公理、逻辑自洽和可叠加的知识结构。我们知道,整个欧几里得几何学都是建立在五条非常简单的公理和五条显而易见的公设基础之上的，这些公理经得起检验。然后从这些基本的公理出发，经过逻辑推理，能够建立起整个几何学大厦。在这个知识体系建立的过程中，所有的定理是一层一层叠加的，如果想得出一个新的结论，不需要每一次都回到公理重新推导，而是可以利用所有已经被前人证明的定理。今天无论是谁，只要学完了小学数学，就能看得懂《几何原本》。于是，古代人花了上千年总结出的几何学知识，我们很快就学会了，因为我们重复了他们的成功。如果我们当中有人足够聪明，就可以为几何学贡献一个新的定理。如果我们不打算当数学家，在工作中遇到问题需要几何学知识，前人构建的整个知识体系都可以直接拿来使用。

到了近代，现代的科学也是这么构建起来的。近代以来最有影响力的科学著作是牛顿的《自然哲学的数学原理》（简称《原理》）。大家如果翻开《原理》，并且对比一下《几何原本》，就会发现它们的结构完全一样。实际上，牛顿正是按照《几何原本》的格式和风格写《原理》的，而牛顿等人也是按照几何学的结构构建物理学体系的。这样，从17世纪开始，整个科学的大厦就迅速建立了起来。如果大家详细了解一下科学发展的历史，就能体会这种可叠加的重要性了。比如在物理学方面，从牛顿到麦克斯韦，再到爱因斯坦、玻尔等人，他们的工作都是在已有的物理学大厦上添加一层。不仅科学如此，技术、工程和商业也需要叠加效应。瓦特发明了万用蒸汽机，它和过去的纽卡门蒸汽机没有什么叠加关系，而是脱胎于牛顿力学。但在此之后，富尔顿的蒸汽船、史蒂芬森的火车，以及本茨早期的蒸汽机汽车，都是在瓦特工作的基础上叠加的结果。到了第二次工业革命时期，内燃机出现，它最早脱胎于热力学理论，然后奥托发明了内燃机，随后戴姆勒和本茨等人在此基础上发明了内燃机汽车，莱特兄弟发明了飞机。

在古代，有很多自学成才的科学家和发明家，但是近代之后，这种可能性变得微乎其微。无论是做科学研究还是发明创造，都需要在前人成就的基础上做叠加。同样的道理，在古代和近代早期有一些全能型的学者，比如亚里士多德、阿奎纳和牛顿，但是近代以后这种人几乎不可能出现了，因为古代学者的研究常常是从零开始的，而近代以后的研究需要在前人的基础上做叠加，因此需要先花不少时间了解过去千百年来人们已经做完的工作。所幸的是，学习别人的经验比自己摸索要快得多。今天一个初中生的物理学水平，都比当年的伽利略高，原因就是他们站在了前人的肩膀上，通过短短一两年的学习掌握了人类几千年的积累。很多人问我，为什么要在学校里学习，而不是从大学退学，然后在工作中摸索。理由很简单：大家需要在之前的人类成就上做叠加。

真正伟大的发明都是叠加的结果。彼得·蒂尔在他的《从0到1》一书中举了4个典型的从0到1的例子，包括苹果计算机、微软的视窗操作系统、谷歌的搜索引擎和特斯拉的电动汽车。其实这四项发明都是在已有的发明基础上叠加的结果。苹果计算机的原型是施乐公司的Alto个人计算机。微软的视窗操作系统是仿造苹果麦金托什操作系统设计的。在谷歌之前Inktomi和Alta Vista已经有了搜索引擎的服务。至于特斯拉的电动汽车，在它之前通用汽车就有了电动汽车EV1，而更早的时候，福特和爱迪生还发明了电动汽车的原型。即便是特斯拉设计出自己的电动汽车，第一款也不过是把莲花跑车的引擎换成电动机而已。这4家公司做的真正有意义的事情在于，它们在原有技术上叠加了一层之后，又为其他人在它们的基础上进一步叠加打下了基础。

叠加经验，更上一层楼

讲回本节开始那个游戏，在学校里系统地学习知识，就相当于手上拿了一本词典，遇到那个字，想找一个相应的成语，从词典里查就可以了。没有系统地学习过，就相当于每次都是拍脑袋想，除了自己知道的那几个，想不出新成语。

人一辈子做事，最有效的途径是能够把之前的特长和经验作为完成当下任务的起点，而在做当下的事情时，又为更上一层楼做好准备。很多人问我为什么能跨界成功，如果我做的事情算是跨界、算是成功了，那是因为我比较巧妙地用好了叠加效应。

在上大学以前，我没有学过计算机课程，不过我的数学基础还不错，因此后来学习计算机科学时就借助了我的数学基础。等我从事了一段时间的计算机工作，能够熟练应用这个工具解决问题了，我又换了一个专业，去学习通信和信号处理了。如果我放弃过去的专业知识从头来做硬件，那就是在低水平上重新做一件新的事情，就收不到叠加的效果了。今天很多人读研究生时换专业，或者后来换工作，都没有利用好之前的知识和经验，甚至是推倒重来，这样就降低了自己的起点。我比较幸运的是，我的导师让我自己选择研究课题，于是我选了一个能够大量用到计算机算法和编程，而一般的电子工程专业的学生又不太擅长的课题去研究，这样很快我就在那个领域做出了些成绩，也确立了我在语音识别领域的地位。

几年后,我到美国读博士,又回到了计算机系。如果我选择一个单纯的计算机课题来研究,那么我和其他同学处在同一个水平上,并没有什么明显的优势,但是我对通信和信息处理的了解比他们多,于是我又找到一个必须要用到这方面知识的课题——机器学习的算法。经过几年的研究,我取得了一些其他人不容易做出的成绩,在美国的学术界站住了脚。后来我到了谷歌,在谷歌的前几年我不得不放弃做研究转而做开发,相比工作多年的工程师,其实我没有什么优势,于是我花了一段时间,找到了和我熟悉的自然语言处理相关的项目。当时谷歌懂自然语言处理的人一个巴掌就能数出来,这样我又站住了脚。

再往后,我的经验不断积累,但我每次寻找下一个任务时依然比较谨慎,并恪守两个原则。第一个原则,确保这项任务依赖我过去的经验,这样别人做不好,我能做好,我的价值才能体现出来。第二,这个任务的完成要让我的经验有所增加,以便我能够有更大的发展空间。可叠加的进步有点像爬树,当你站到一定的高度后,需要在目前的位置往上爬,不要横着走,更不能跑到树底下另选一棵树重新爬。同时,要确保往上爬的方向不是一个树枝的末梢,而是一个大树干。

如果你爬到一棵大树的末梢,即便看起来爬得很快,也无法再往上走了。

因此,我婉辞了很多公司的邀请,因为那些工作是重复我所做过的事情。如果我为了钱接受了那些工作,在长达好几年的时间里就会原地踏步,甚至会知识老化,等我下一次寻找新的机会时,只能退回到几年前的基础。

虽然不同人的能力差异很大,但是每一个人都可以优化自己的做事方式,在自己力所能及的范围内取得更大的成就。而最有效的做事方式,一定是叠加了各种经验之后更上一层楼。

本章小结

了解了世界的有效性,有了正确的成本意识,我们就懂得了世界上其实没有捷径可走。从长远来看,不存在什么只有自己看到的,别人没有发现的好机会。人唯一能做的就是少在低水平上重复,少做无用功,确保每一次成功在将来都可以重复,每一个进步都是在为后来进一步的发展铺好道路。

03

认知跃迁

经历和经验

近代以来，人们一度认为理性可以解决一切问题，这种想法一直持续到 19 世纪末 20 世纪初。最初开始思考理性局限性的人是大哲学家尼采，他发现以理性为认识基础的工业文明似乎走到了头。

到 20 世纪初，逻辑学、数学和自然科学上的一些结论，否定了纯粹理性能够解决一切问题的可能性，比如，哥德尔证明了不可能存在一个既逻辑自洽又包罗万象的知识体系。于是人们开始重新思考经验的作用，比如堪称 20 世纪最伟大科学哲学家的卡尔·波普尔，最核心的思想就是否定了科学理论的绝对真实性，强调要通过经验证伪科学达到发展科学的目的。

对个人来讲，是否对经验主义有正确的认识，是否善于积累经验、利用经验，决定了你有多大可能犯错误。

当别人犯错误，而你不犯错误时，你就赢了。

经验比理性更重要

人们在处理多维度的复杂问题时，理性通常是不够用的，需要靠经验。

60多年前，人类第一次提出了人工智能的概念，想象着通过人为设定的规则让计算机变得聪明起来。但是在按照那个方向努力了几十年后，人们发现世界的问题太复杂了，人类有限的理性是不够用的，即便是日常生活中很多简单的问题也不能单靠理性来解决。比如，你如果问人工智能专家和大众这样一个问题：让机器人下棋战胜人类世界冠军，和让机器人下楼给你买一杯咖啡，哪件事更难实现？退回到2016年AlphaGo（阿尔法围棋）战胜李世石之前，除了人工智能专家，几乎所有人都认为买咖啡更容易，因为那件事小学生都能办得到。但事实上，今天最先进的机器人也办不到这件事。而人们做这件事之所以很容易，是因为人具有基本的常识和经验，而计算机不仅没有常识，我们甚至也不知道如何让它通过经验的积累获得常识。

我们在日常生活中遇到的很多事情比买一杯咖啡要复杂得多，只是我们习以为常，感觉不到它的复杂性罢了。如果是需要很多人一起做的事情，就更加复杂了，是不可能按照理性所制定的有限的规则去实施的。比如，各个单位都有各种关于合作和处理纠纷的规章制度，这些规章制度是在理性思维指导下制定的规则，但是大家都知道，工作中要处理好单位里的人事关系，是不能简单照搬规章制度的，需要靠经验。这些经验看似虚无缥缈，于是有人发明了一个新词来形容它，那就是"情商"。

当然，世界上还有很多比日常需要合作的事情更复杂的事情，比如大部分社会问题解决起来就极为复杂，理性的作用在这些问题面前就更加有限了。社会问题通常需要依赖经验来解决，而那些和社会、文化相关的经验，也对应一个专门的词——传统。

经验主义的优越性

在世界主要的国家中，有两个非常看重传统的国家，它们是英国和日本；而最喜欢通过理性设计制度的国家也有两个，它们是法国和德国，也是欧洲大陆国家的代表。同样一件事它们的做法会大不相同。虽然我们在短期内不容易简单判定哪个方法就一定好，但是应该知道世界上的事情有很多种做法，这样我们遇到问题时就能够开阔思路，做出正确的选择。如果我们把目光放得比较长远，就会发现重视经验和传统的做法会更好。

说起英国，很多人以为它不过是一个失去了当年辉煌的古老帝国；至于日本，很多人会觉得它从20世纪90年代开始就陷入了所谓的20年发展停滞阶段，被中国超越并且差距越来越大。其实这两个国家被人们低估了，如果你真正到英国和日本生活一段时间，而不是走马观花地看一看，就会发现这两个国家不仅底蕴深厚，而且社会发展水平、国家竞争力和科技水平在全世界都是名列前茅的。以英国为例，它在二战后（1945—2021年）获得了107个诺贝尔奖，在世界所有国家中排第二，超过欧洲另外两个大国——德国（48个）和法国（37个）的总和。英国得诺奖的数量虽然比美国的372

人次少①,但是人均获奖的数量却要超过美国。英国顶级大学的数量也仅次于美国,排名世界第二。此外,作为世界金融中心之一,伦敦的地位依然无法撼动。这些和衰落扯不上边。日本虽然比不上英国,但是科技和社会发展水平在亚洲国家中遥遥领先。

英国和日本有很多相似之处,比如它们都是岛国,近代以来都是海洋贸易大国,都有很长时间的封建制,即国王和贵族共享天下。在历史上,这两个国家最高权力都受到制约,今天两国的君主更是虚位无权。当然,这两个国家在文化上最大的共同点就是重视传统、重视经验,因此,在外人看来,无论是英国人还是日本人都比较保守。而英国人则将他们重视传统和经验的做法上升为一种方法论——经验主义,他们为此自豪。这种方法论不仅是英国人与生于俱来的做事习惯,而且影响着全世界。

说到方法论,自近代科学革命以来,世界上流行两种行之有效的、促进了社会进步的方法论,一种是我们前面讲到的以笛卡儿、莱布尼茨等人为代表的理性主义方法论,理性主义的代表人物还有斯宾诺莎和康德,他们也都生活在欧洲

---

① 一些科学家出生在欧洲,但是在美国接受的教育,并且后来一直在美国工作和生活,这些人就被算成了美国人。

大陆。但同时，在欧洲大陆的对岸，还有一批学者和思想家构建出基于经验的方法论，即经验主义，其代表人物有培根、洛克、贝克莱和大卫·休谟等人。

防范"理性的自负"

理性主义的好处是能够找出世界的共性，因此它通常显示出很高的效率，特别是短时间内的效率。但是凡事总有例外，在例外发生的时候，经验就显得非常重要了。这就如同你让机器人去买咖啡，它会遇到很多你想不到的意外，以至你事先设定好的规则并不管用。此外，理性主义还有一个问题，就是一些具有强大意志的人会把自己的想法当成理性，然后按照自己的意愿构建所谓的完美世界。他们的想法有时是对的，但有时是错的，而后面一种情况一旦发生，就会造成巨大的灾难。从较长的时间来看，纯粹依靠理性做事情不可能不犯错误，这一类的事情在历史和现实中不断地发生。虽然依赖经验也会造成灾难，但通常是微小的、局部的，而绝对理性所造成的灾难则是巨大的、毁灭性的。

正是因为在历史上英国人靠着经验解决了很多世界难题，英国历史上最伟大的首相之一撒切尔夫人才会说："在我生活的年代，人类所有的灾难都来自欧洲大陆，而所有的解决方案都来自说英语的国家。"撒切尔夫人是有资格说这个话的，从200多年前开始，摧毁了一切社会秩序的法国大革命、横扫欧洲的拿破仑，以及两次世界大战，这些人类历史上空前的人祸都源自欧洲大陆，而结束这些悲剧的是说英语的英国和美国。当然，欧洲的那些思想家、革命家、君主和统治者常常看不上英国人这种所谓"保守"的做法。他们做事之前有一整套设计好的理论，但那些理论都是合理的，甚至是非常好的、超前的，比如法国大革命的理论，但是实施的结果却是人类的灾难。因此，著名的经济学和政治哲学大师哈耶克才会讲，通往地狱之路是由天堂的梦想铺就的，因此他警惕人们要防范"理性的自负"。不仅统治者、思想家会有"理性的自负"，我们每一个人也都可能有，因此我们对此要特别警惕。

　　理性主义的缺陷通常表现在两个方面。首先，很多合乎理性的结论和做法本身有可能是错的。比如柏拉图、亚里士多德哲学的很多结论，都是通过理性思考得出的，但里面有很多错误。人类早期相信地心说，因为它符合逻辑，能够解释我们每一天看到的现象，你不能说它不是理性思考的结果。其次，即便是"正确的理性"，在实施的过程中也可能产生和想法相反的结果。比较典型的例子就是中国北宋时期的王安石变法。直到今天，很多历史学家和经济学家还在思考为什么那些合理的变法措施实施起来的效果却适得其反，原因其实就是哈耶克说的那句话。不过，那些绝对的理性主义者却不这么想，他们认为，"正确的理性"可以创建整个世界的制度与文化，达到完美的境界，别人没有做到的事情，他们能够做到。一切含有偏见的、不公平的制度和意识，都可以通过理性加以修正，而一切非理性的产物，比如宗教甚至艺术，在他们看来都是落后的。比如今天有人提出科学至上的说法，觉得科学能解决一切问题，但他们忘记了没有人文的科学可能就是一场灾难。

相比崇尚理性，对热衷于按照理想重构整个社会的欧洲大陆人来说，英国人对理性的信心没有那么强，虽然在历史上英国也出过牛顿、麦克斯韦、达尔文和凯恩斯这些理性主义的代表人物。人为构建社会的设想在英国也有一些市场，但从来不是主流。英国人更重视经验，强调人类理性的局限，对世界的规律更有敬畏之心。哲学家休谟曾经这样对世人发问："你怎么知道明天的太阳会照常升起？"在英国的经验主义者看来，没有什么事情是必然发生的，任何结论都需要用经验反复验证，而且要不断验证下去。到20世纪，这种观点被哈耶克和卡尔·波普尔这些古典自由主义者接受。20世纪末，邓小平在中国开启改革开放时，走的就是经验主义的道路。所谓"摸着石头过河"，就是凭借经验慢慢改进，拒绝把特定的理论强加到改革之中。

虽然英国人注重经验的做法给人以保守的印象，但是英国人的保守并非因循守旧，而只是更喜欢一种审慎的做事态度和方法而已。事实上，英国人也在不断地改良、调整，他们习惯于花比较长的时间慢慢达到目的，而不是不考虑后果地变革。我们对比一下英国人和法国人解决社会问题的方式，就能看得一清二楚。

"古典自由主义的鼻祖"、爱尔兰裔的英国人埃德蒙·柏克曾经专门著书《法国革命论》，详细对比了法国和英国在实现自由社会时的不同做法。柏克认为，法国的启蒙思想家提出了关于自由合理却抽象的原则，随后革命家们就轻率地、脱离自然地去实践了，其结果就是那场最为惊人的混乱。与之对应的是，英国人所追求的自由是"得自祖先的一项遗产"（1215年的《大宪章》），是继承而来，而非抽象的哲学和毫无现实根基的概念。不过，英国人所得到的自由，在《大宪章》时代、在柏克时代、在今天都是完全不同的。对比不同时期的英国，你会发现社会在进步，但你看不到中间有哪个突变的环节，只能看到他们凭经验渐变了几百年的结果。相比之下，法国人凭借有局限的理性，建构了整个社会的制度和文化，但到实施的时候，就会发现那些人为设计出来的理想不过是关于乌托邦的臆想。这也就导致法国自近代以来折腾不止，长期无法步入正轨。从1789年法国大革命算起，至今还不到250年，法国就经历了两个波旁王朝、两个拿破仑帝国、5个共和国，算下来每一个政权执政的平均时间还不到30年。

　　说到经验，人们通常有三个理解误区。第一个误区是把经验和经历混为一谈。一些老人凭借自己的经历丰富，就认为自己有经验，就可以倚老卖老，这也让很多年轻人觉得经验是老古董，轻视经验，甚至对自己的无知沾沾自喜。其实经验不等同于经历。第二个误区是把经验和资历混为一谈。虽然资历深的人可能有经验，但他的资历可能不是通过经验得到的，因此它们也不是一回事。第三个误区就是把经验和传统看成是固定不变的，事实上，曾经有用的经验可能会在某个时刻变得一文不值。接下来我们就从这三个误区入手，谈谈经验的用途，谈谈如何快速获得经验。

经历不等于经验

很多人会把经验和经历混为一谈，它们虽然相关，却是两回事。经历人人都有，经验却未必。有的人经历很丰富，但是经验并不多；有些人则相反，年纪轻轻，经验就很丰富。

我们先说说什么是经历。一个人的一切过往就是他的经历。在西方求职时，求职者需要提供简历，简历就是简单的经历，今天国内求职也需要这么做。"简历"一词在西方语言中叫作 resume，它最初来自法语，至今依然采用的是法语的读音 ré-su-mé[①]。这个词的原意是汇总（sum up），也就是把一

[①] 英语里也有 resume 一词，是恢复的意思，读音是 rɪ-zuːm，和"简历"一词虽然拼写相同，但实际上是两个不同的词。

个人过去的经历汇总起来。任何人，不管有经验还是没有经验，都能写出一份几页纸的简历，因为只要把自己的过往列出来即可。但是流水账式的经历不会吸引人力的眼球，他们总要从简历中发现对方做成过什么事情，或者因此获得了什么样的收获，也就是有什么经验。

不要错把经历当经验

那么什么样的经历不能被称作经验，或者说转变为经验的效率非常慢呢？通常有这样三种。

第一种，失败的经历。如果你的简历中都是做一件事失败一件事的经历，然后告诉别人你很有经验，恐怕自己都会觉得不好意思。

第二种，重复的经历。比如在过去的5年里，你一直在高速收费站收费或者在麦当劳卖汉堡包，这就意味着你在工作中基本没有经验可谈。

比这稍微好一点的情况是在酒店的大堂、银行的柜台工作了5年。在这类场合工作，虽然每天工作的内容差不多，但是毕竟要和各种人接触，其中有些人会提出各种古怪的要求。要想应对各种情况，就需要慢慢积累经验了。直到今天，虽然自动柜员机和手机 App 能够处理很多柜台业务，但是遇到稍微复杂一点的需求它们就处理不了了，这就需要人工来处理。而人工处理这些事情通常不是靠理性制定的规则，而是靠经验。这其实也是今天世界各大银行还保留柜台服务的原因，而且越是针对高端客户的地方，越需要人工来处理，因为他们的要求常常是五花八门的。不过，上述工作毕竟比较单一，多年的经历能积累起来的经验并不多。

比上述工作更复杂一些的是在大型企事业单位里从事专业性比较强的工作，比如软件开发、财务和法务等，或者在学校里讲课、在医院的普通内科或者普通外科工作。这些职业看似每天的工作性质差不多，但是由于它们比较复杂，需要比较长时间的练习才能做好。此外，即便是前后两件看似差不多的事情，其实也会有差别，因此随着时间的增长，经验还是会增加的。当然，因为这些工作的重复度较高，所以几年后的经验积累就会慢下来，逐渐变成重复性的工作了。也正是这个原因，如果一个人的简历上写的是十几年从事着这样的重复性工作，比如十几年教同一门课，或从事着同一项技术工作，那么这个人接下来也只能找一份类似的工作，因为他的经验局限于此。甚至一些用人单位会想，这份工作干上个七八年和干 20 年经验是差不多的，考虑到年龄的因素，有 20 年经验的人甚至竞争不过只有七八年经验的。因此，在绝大部分大学里，教授光靠讲课是无法获得提升的，他们要做科研，因为科研需要不断面对新的课题，而不是重复过去的工作。今天，在大医院里，医生也要研究各种疑难杂症的治疗；在律师事务所里，律师要去接越来越复杂的案子，这都是为了避免自己的经历过于重复。

第三种，无用的经历。一个人只要不是在睡觉，时间花出去了，哪怕是吃饭、打游戏，也会产生经历，但是很多经历是无用的，产生不了经验。我能想到的最无用的经历就是刷短视频，虽然不能说短视频完全是垃圾，但是在里面找到一点有价值的东西，如同在垃圾堆里翻找面值不大的硬币。比刷短视频稍微好一点的是刷短信和朋友圈，再接下来的就是每天花几个小时通勤、去菜市场买菜、做饭等。事实上，吃饭的价值比做饭高，除非你打算练就一番好厨艺。人每天的时间是个常数，即使当了皇帝，上帝也不会给他 25 小时。因此，减少无用的经历很重要。

人每天会做很多事情，有些事情是必须做的，你没有选择；有些则不同，它们是选项，你可做可不做。

管理大师杰克·韦尔奇当了通用电气的首席执行官后发现，公司里大部分会议，参会的人并不需要那么多，他们被列入邀请名单，不得不来，但会议的内容和他们没什么关系，这既浪费了很多人力资源，又造成了低效率。从个人角度来讲，参加与自己工作没什么关系的会议是浪费时间，获得的是无用经历，对自己的发展没有好处。于是韦尔奇就开始改变公司的会议文化，要求每个会议把参加人数降到最低。

很多单位的员工做正事没多少时间，没用的会议和学习却占了大部分时间，一个人在这种地方待 10 年，能有多少经验积累下来非常值得怀疑。硅谷大公司在招聘员工时，会对那些在"上一代"信息技术企业中工作了十几年，甚至二十几年的人的经历打折计算，比如除以 2，因为那些人通常做了很多事务性工作，而这些工作却很少能积累经验。

经历和经验的另一个巨大差别在于，经历是可以被动获得的，一个人不用动脑子，只要在社会上活着，就能产生经历，但是经验有时需要主动获取。

古代人对世界的了解和探索大多是被动的，因此从经历中获得经验是很难且很慢的。他们年复一年，甚至一代又一代地做着同样的事情，然后在某个时间点，某个比较聪明、善于总结经验的人可能会总结出一些知识，对以前的做事方法进行改进，然后把新的经验传递给后人。但是到近代实验科学兴起之后，人们开始主动地、科学地进行各种实验，主动获得经验。比如，近代德国人伯特格尔发明瓷器时，就是有意识地尝试瓷土的不同配比，进行了 3 万多次实验，找到了各种成分的最佳配比。他发明的瓷器就是著名的"梅森瓷器"（Meissen）。伯特格尔的实验有详细的记录，它们至今被保存在德累斯顿国家档案馆里。今天的人如果想复制那个时代的梅森瓷器依然做得到，因为当时的经验被完整地保留了下来。

通过各种尝试和对比来主动获得经验的做法非常普遍，而不仅局限在科学研究上。比如中国改革开放初期划定了一些特区，在那里尝试一些新的制度，有些尝试成功了，后来推广到了全国，有些失败了，大家也就不会再提了。再比如大品牌公司做代言广告，通常一开始会选择几个候选人，然后在不同的地区投放由他们代言的广告，最后选择一个最合适的。互联网公司在更新一个服务时，通常都会随机选择百分之几的流量进行实验，然后根据结果决定是否进行更新。

经验要不断被修正和弥补

一个领域的经验不能弥补另一个领域的不足。

人们在社会生活中需要很多维度的经验，但是人的经历常常是单一维度或者只有很少维度的，这就带来一个结果，很多人在工作中表现非常出色，但是自己的生活却一团糟。人们常常觉得这样的人不可思议，很怪异，其实这也很好理解，因为他们的经历都很简单，而他们的经验大多来自他们的经历，对于自己没有经历的人和事并没有去主动接触，也就没有获得全方位的经验。

我从小生活在学校大院里，周围的长辈中有很多人一辈子都很少走出学校的院墙。当时我们家一年进城两次（当时北京只有二环以内算是城里，海淀区就算郊区了），其他家庭进城的次数也不会更多，因为当时大家的日常生活在校内就能满足，也没有什么多余的钱到城里购物。虽然这些长辈很多是各自领域的专家，但是社会经验少得可怜。我以前对此没有太深刻的体会，因为周围都是这样的人，后来我走出校门，在社会上摸爬滚打了两年，再回到学校学习和工作后，才发现周围老师的社会经验真的很少，尤其是不擅长和人打交道。我在外面两年积攒的社会经验，远超他们20年在大院里靠经历所积累起来的经验。这里面的原因也很好理解，在一个领域有经验，不等于在各个领域都如此。

如今关于提升认知的书非常多，很多人逐渐懂得自己的经历不足以让自己有经验，因此会主动做一些事情，来弥补自己经验的不足。比如在大学里，教授会和外面的单位进行一些横向合作，甚至到一些政府机构和企业挂职一段时间，他们就不再是过去那种"书呆子"了。同样的道理，在企业里工作的很多人会在工作一段时间后再到学校里学点什么，有条件的人，比如担任了高管的人，甚至会去商学院学个在职的MBA（工商管理硕士）。在MBA的培养计划中，基础知识的学习其实只占一小部分，大量的学习是讨论、交流、访学和完成一些项目。这实际上就是有意识地弥补自己经验的不足。

然而，有些经验需要经历才会加深。世界上有很多道理光看书是学不会的，因为那是别人的经验，不是自己的，不经历一下体会不深。比如，一个人无论听说了多少别人上当受骗的例子，也不知道该如何防范诈骗，但只要自己真的经历了一两次，通常就不会再上当受骗了。今天的网络很发达，获取知识很容易，但这也让很多人变得很懒，懒得自己亲力亲为地获取经验。于是，很多拥有大量网上经历的人，遇到现实生活的难题时脑子里就会一片空白。

资历和经验也不能画等号

和经验有关但并不等价的另一个概念是资历。很多人会把资历和经验混为一谈，虽然它们有交集，但不是一回事。资历包含经验的部分，但更多的是强调做事的资格，以及过去的业绩和贡献。比如我们常说老资格、论资排辈，就是以过去的经历、地位和贡献来决定做事情的资格。论资排辈的做法，实际上是默认年龄大、经历多、地位高的人就更有经验、更有智慧，更能胜任一些岗位的工作，不过这种假设通常并不成立。

一方面，很多人的资历是混出来的，不是干出来的。比如很多企业家的孩子，看上去资历不浅，其实都是靠父母关系堆出来的。这些人通常是有资历，没经验。很多人试图拿着看上去很光鲜的资历来充当经验在社会上唬人，并且有时还真的唬住了一些人，但是对大部分人、大部分单位来讲，这些是没有用的，否则各单位招人的时候就不用面试，直接看资历好了。很显然，没有单位愿意冒这个险。另一方面，虽然一些人的资历和经验呈正相关，但无论是经验还是资历都不能静态地去看待，因为它们会随着时间而贬值。因此，过去的资历不代表未来的能力。大家不难发现一个现象，越是经济落后的地区越讲究论资排辈，但是你会发现那里的老资格真没有什么适合当代社会的经验，他们赖以支撑起自己资历的经验早就过时了，或者在其他地区完全没有用途。相反，在快速发展的地区，更多讲究的是经验而不是资历，那里的年轻人做起事情来经验还真不少。这也就是一些发展缓慢的地区到快速发展的地区取经的原因之一。

我们什么时候会信任一个人呢？当我们认定他有经验的时候。至于他的经历多还是少，其实我们很少关心，因为你不会去找一个年纪大却没有经验的人请教。我们是这样看别人的，别人也是这样看我们的。

失败不是成功之母

我在《态度》一书中谈到一个观点,就是失败未必是成功之母,成功才是成功之母。这里面的道理很简单,一个问题错误的答案千千万,正确的或者最好的答案常常只有一个,否定了再多的错误答案,也未必能够找到正确的答案。这就如同一个孩子知道了 2+3 不等于 6、不等于 9、不等于 2,却未必能因此知道 2+3=5 一样。

不过,一些读者在读了我的书之后问了我这样一个问题:难道人一开始做事情就能成功,没有失败吗?

这个问题其实是偷换了概念。"失败是成功之母"指的是失败大概率可以导致成功,如果失败后成功的概率非常低,那么失败对成功一点帮助都没有，反而可能有副作用。很多人举出一些例子，说某个古人经过多少次失败然后获得了成功，这种个案说明不了什么问题。更何况，开始失败，后来成功了，并不能说明失败对于成功有帮助，后来的成功可能另有原因。

为什么我说成功才是成功之母呢？如果我们具有数学思维，就能很好地理解这个结论了。我们假定前后做的两件事有关，或者说前一件事的成败会影响后一件事的结果，这实际上就是数学中的条件概率问题。前后两件事的成与败会有以下4种组合：

- 在前面一件事做成功的条件下，后一件事也做成功了，我们把这个概率写为 P（成功 | 成功）。
- 在前面一件事做成功的条件下，后一件事却做失败了，我们把这个概率写为 P（失败 | 成功）。
- 在前面一件事做失败的条件下，后一件事却做成功了，我们把这个概率写为 P（成功 | 失败）。
- 在前面一件事做失败的条件下，后一件事依然不知道该怎么做，也做失败了，我们把这个概率写为 P（失败 | 失败）。

我们需要比较的是第一种情况和第三种情况的条件概率，即 P（成功 | 成功）和 P（成功 | 失败）哪个大。如果前者大，那么说明成功是成功之母；如果后者大，那么说明失败是成功之母；如果一样大，说明每一次的成败都是无关的，你总结经验教训也没用。

稍微有点经验的人都知道，P（成功 | 成功）比 P（成功 | 失败）大得多。在生活中，你会把钱交给过去成功的投资人来管理，而不会交给失败很多次的人，因为你知道虽然过去的表现不完全代表将来的表现，但是成功过的人再成功的可能性要大很多。当然，你也不会把钱交给完全没有经验的人管理，因为你很清楚每一次的成败是有关系的，不是完全无关的。

上一次成功更容易导致下一次成功，前一次失败更容易导致后一次的失败，这样的事情也很容易在生活中得到验证。大家不妨看一下任何三局两胜的体育比赛的结果，比如奥运会的羽毛球、网球比赛等，你会发现 2∶0 的比分要比 2∶1 的比分多得多。

我对 2022 年温布尔登网球锦标赛中三局两胜的比赛（女单、女双和混双）做了一个统计，93% 的对局都是 2∶0，只有 7% 是 2∶1。这个结果可能会颠覆很多人的直觉，大家很容易想到，进入温布尔登或者奥运会比赛的选手水平差不多，2∶1的比分应该多才对。事实显然不是这样。而在这种2∶0比分占压倒性多数的背后，说明成功才是成功之母。事实上，硅谷的一些信息技术企业会考这样一道面试题，就是从数学上证明2∶0的比分出现的可能性更大。有比较好概率论基础的人，做这道题应该没问题。

当然，我们讲了很多概率的内容，不是要证明什么公式，而是要帮助大家接受失败不是成功之母，成功才是成功之母的事实。

经常有人问我，难道一次失败就会永远失败下去吗？当然不会！不过要想从失败走向成功，我们需要清楚三个事实。第一，从失败走向成功不是一件容易的事情，不要相信很多心灵鸡汤的说法，失败几次后，下一次就必然成功。第二，从失败到成功是有通道、有桥梁的，如果我们不知道，最好找知道的人去请教。第三，无论是成功还是失败，都是一个概率问题，具有一定的偶然性，人能够做的就是尽人事、听天命。清楚了这些事实后，我们来看看如何有效地从失败中走出来，并走向成功。

首先，在做第一次尝试之前，要做足准备，慎重出战。我们前面分析了，失败之后再失败的概率非常大，特别是第一次失败对人信心的打击是巨大的。很多人把注意力放在总结失败的教训上,却忽略了在一开始就要防止失败。

学工程的人或者在工业界工作的人,常常会说这样一句话:"某某人动手能力不行。"意思是说那个人理论学得不错,但做具体的事情时就会把事情搞砸,或者花了好长时间做不出来,这种现象在工业界和实验科学领域非常普遍。根据我的观察,但凡动手不行的,脑子都比较懒,在动手之前不做好准备,不把所有可能的问题想清楚,以至于一动手就失败。我在当学生时,以及后来在美国当助教时,总能看到一些同学做实验总是做不出来,甚至电路一通电就把元器件烧了。我在一旁观察发现,他们通常是匆匆忙忙上手,实验设备和仪器摆得到处都是,在进行关键操作时,没有经过深思熟虑就开始了。我身边也有一些人,家里父辈就是工程师或者实验科学工作者,他们从小受到家人的熏陶,做实验从来是有条不紊,通常是一次成功。

要想提高第一次尝试的成功率,就要严格遵循前人确定的步骤一步步来。我的父母在实验室里做了一辈子的实验,我观察他们及其同事做事情,都是非常严格地遵循步骤,即便是可有可无或者很简单的操作也不能省、不能跳。他们做的那些实验多少有些危险性,在实验室中,有高压电、液氢液氧、高温的油和强酸，以及内部高真空的玻璃容器，出了事故，不是烧掉一个电器的问题，而是会发生爆炸，甚至致命。在历史上，他们的一位同事曾经因为没有按照规范在切断电路后把电容器的电也放掉，酿成了严重的实验事故，导致自己大脑受损致残。因此，他们的研究生在进实验室的时候，要按照步骤做很多基础练习才能做自己的实验。

我到美国之后发现，几乎所有教授在指导学生做研究时，第一步都不是让学生做自己的研究，而是要重复前人的研究成果，按照前人发表的论文，把他们的实验重复一遍，直到得出和论文中一致的结果后才允许他们按照自己的想法做研究。我发现这是一个非常好的做法，因为现代科学研究都很复杂，做成一件事要考虑很多细节，而一个刚入门的新手通常想不到所有的方面，让学生先按照前人的做法做一遍，有章可循，容易获得第一次成功。有了第一次成功，等到了第二次按照自己的想法做的时候，成功的可能性就会大大增加。当然可能有人会问，是否有跟着别人做也做不成的时候？这种情况时有发生，大部分都是因为自己没有搞懂人家的方法，忽略了很多细节，但也有极个别情况是前人发表的论文有水分，比如夸大了甚至编造了结果，这种事情每年都会发生。这其实是学术造假，属于题外话了。

其次，如果第一次失败了，要花功夫尽可能找出全部失败的原因。失败之后找原因，是很多人都懂的道理，但是，绝大部分人在找到一个原因后，就以为发现了全部的失败原因，然后匆匆忙忙又开始了第二次尝试，随后面临的肯定是第二次失败。

航空业有一个海恩法则（Hain's law），它是德国工程师、飞机涡轮发动机的发明人帕布斯·海恩提出的。海恩统计发现，每一起重大事故的背后，平均有29次小事故；每一次小事故背后，大约有10次未遂事故；每一次未遂事故背后，有3~4个事故隐患。在听说海恩法则之前，我其实也体会到这个规律，只是没有刻意做统计。比如我们做一个产品，上市后没有达到预期，这里面可能有很多问题，绝不能简单地归结为市场推广没做好、产品质量不过关或设计有漏洞中的任何一个，通常我们的失败是这些问题叠加的结果。如果真是一个完美的产品，只是市场推广不够，通常不会遭受特别大的失败，因为在信息传播很快的今天，好东西即便没有人推广也会口口相传。一个失败的产品，背后的问题通常比我们想象的要多得多。因此当我们做事失败的时候，要想到可能存在很多问题，注意筛查，绝不是解决一个问题就能保证下次尝试一定会成功的。

再次，在找到失败原因之后，一定要重新做一遍，直到成功为止，即便那件事已经变得不重要了，这个步骤也不能省。所有的学霸在考试后都会做一件事，就是把考试的错题重新做一遍，确认自己真的会做了，有的人甚至会把相关的内容重新复习一遍。这个小小的操作就是在完成从失败到成功的转化。几乎所有的"学渣"也都有一个特点，要么考卷扔一边了，因为以后不会考了；要么看一看，"觉得"自己会了就放过自己了。这个世界上最不靠谱的事情就是"觉得"二字。觉得自己能行，通常就是不行。

有一段时间，我对打高尔夫球感兴趣，为了提高水平，我就去观察那些能够进入大学高尔夫球队的青少年是怎么练球的。这些人和那些业余爱好者有一个很大的差别，就是在什么地方打了一个坏球，一定要练习到在同样的地方打好为止，这就完成了从失败到成功的转化。我从45岁的"高龄"开始摸球杆，10年下来已经比绝大部分有20年球龄的人打得好很多了。并非我进步快，而是绝大部分业余球员学习的方法不对路，他们和那些准备走职业道路的青少年正相反，打一个坏球，自己随便找点原因就放过自己了，以后在那个地方还会重复失败，即使造成失败的原因可能不同。

这些年我和一些职业运动员有过交往，发现他们都有一个共同特点，就是有一股不放过自己的狠劲儿，不允许自己带着问题进入下一个阶段，很多职业运动员甚至会为了纠正一个动作牺牲半年的比赛成绩。但是业余选手却不会这么做，他们一旦发现纠正错误要付出代价，就会放弃。把自己的错误一一纠正是需要时间和精力的，因此职业运动员都很专注，不会同时做好几件事情。相比之下，很多人是一件事情还没有做好，就急着去做另一件无关的事情，这样在做很多事情的时候就难免陷入"习惯性流产"的困境。人一辈子能做成几件事就好，不必太多，做了很多事都没有做成，反而是最失败的人生。

最后，我们需要知道，任何事情的成功与失败，人力的因素只是一方面，运气是不能忽略的。凡是做成功的事情，一定是自己的水平和努力满足了成功的要求，同时得到了上天的眷顾。因此，成事固然可喜，也不必自得；失败了固然可悲，也不必过于沮丧。通常，对老天爷越有敬畏之心的人，越容易成事，因为他们会打出很多富余量，但凡不大的难关都能安全渡过。

如何做好有效复盘

前面我们讲了失败后要找出所有原因,这样才能避免习惯性失败。这在计算机科学领域被称为排错(debug),在案例分析中被称为复盘。那么如何排错或者复盘呢?要想尽可能一次性地把各种问题都找到,就要在做事的时候,每做一步都记录下结果,不能等到最后出了问题一次性算总账。我记得我父母的单位会定期给他们发笔记本,就是鼓励他们记录每一个步骤的细节结果。这种做事方法其实在美国的大学和大公司里非常普遍,我也一直这么做,因此没有觉得这是什么问题。后来我在谷歌指导中国年轻的工程师时发现,很多人做事失败后半天都找不到原因,就指望着有经验的工程师帮助他们发现问题。由于他们在中国，我在美国，电话里也讲不清，于是我就让他们到美国出差，坐在我旁边的办公室工作，这样我就可以仔细观察他们是如何做事的。我发现他们做事的方法完全不对，做一件事，不论多复杂，只有一个结果，要么成功，要么失败。一旦失败，就不知道是哪一步或者哪几步做错了，下一次再做还是失败。后来我就和他们讲，假如我从重复前人的工作出发，将那项工作作为基点，然后在此基础上做我们的事情。前人完成的工作和我们的任务之间可能有十个步骤或者十个要考虑的因素，不要十步一起做或者十个因素一起考虑，必须一步一步来，每做一步都要记录结果，最后出了错就很容易回溯，找到问题所在。

目前，中国最好的半导体公司无论是在设计上还是在制造上都达不到世界一流水平，很多地方投入了很多钱，但似乎没有产生什么明显的效果。正好我弟弟是半导体行业的老兵，我也认识中美两国很多这个领域的专家，让我有机会了解全世界半导体行业内部的一些细节操作。根据我的研究发现，中国公司设计的半导体芯片中，用于测试的部分（DST）非常少。这些部分不产生任何功能，多了之后不仅会让设计工作量大增，而且增加制造成本，因此工程师不重视这个部分，而公司为了节省成本，也不强求工程师把这部分做好。美国的公司却非常重视测试部分，这些公司的芯片中一半的电路都是为测试准备的。那么测试部分为什么重要呢？要知道今天复杂的芯片里有 10 亿以上的晶体管，坏掉几个或者某些部分的设计有错，是很难排查的。

今天的半导体设计，做一个样片的成本和生产 100 万片没多少差别，如果第一个样片失败了，不能把所有问题找出来，就要靠不断做样片来试错，不仅成本高，而且最终的设计是好是坏也说不准。测试部分的作用就在于，芯片里面无论哪部分功能模块有了问题，它都可以帮助设计者测试出来，这样可能只要做两次样片就能定型了。前一种做法是习惯性失败，后一种做法是一次失败导致后面的成功。那么是否一旦设计成功，就可以把测试部分拿掉，以节省成本呢？不是。因为制造半导体芯片时有成品率的问题，可能一半的芯片都有问题。即便是全世界最擅长生产芯片的台积电，成品率也只有 70% 左右，二流的企业成品率还不到一半。芯片在出厂前，必须要把有问题的芯片挑出来，总不能等到芯片焊接到手机中发现问题再更换吧。测试部分的功能，就是帮助测试每一个芯片的。

国内曾经有一家颇为知名的半导体企业，做的芯片质量很不稳定，原因是为了追求成本，它设计的芯片中几乎没有测试部分的电路。当客户反映它的芯片有很多废品后，它表示可以免费更换，可是那些芯片已经做进了电子设备中，根本无法更换。这家企业后来因为经营不善被迫退市出售了。

任何肯动脑思考的人，都应该明白失败是一个大概率事件，很多小问题都可能导致失败。失败不可能完全避免，但关键是失败之后要有办法很快找出所有原因。为了做到这一点，我们需要假定每一步都有失败的可能性，记录下每一步的结果。

不要轻视常识

在所有经验中，最常用的、最被大众接受的是常识。比如我们常说，股市有风险，投资需谨慎，这就是很多人总结经验得到的常识。有常识的人，不论他的学历是高还是低，生活都不会太差；没有常识的人，哪怕才高八斗、学富五车，都有可能身处险境而不自知。随便翻开一本历史书，就会发现很多经验老到、位高权重，或者富可敌国的人瞬间身败名裂的事情。

遗憾的是，人们虽然有求知的天性，却常常轻视常识，这里面的原因可能有三个。其一，常识听上去很简单，似乎很容易懂，所以很多人不把它们当回事，而高深的知识听起来很复杂，大家都很敬畏。其二，常识获得起来很容易，只要活得足够长，似乎都能有些常识，容易得来的东西常常都不会被珍惜。其三，大家都有常识，而但凡大家都有的东西，就显得不值钱了。正是因为人们对常识的这些误解，使得很多人不具有真正的常识，也用不好常识。

常识是什么呢？常识是这个世界的轮廓，是对世界最简单、最易懂的描述。既然是轮廓就比较粗糙，不可能涉及具体的细节，如果有人一定要在该使用常识的地方纠结细节，就是矫情了。比如大家画鸡蛋会先从轮廓画起，它只是一个封闭的、类似于椭圆的曲线。我们只能从中看到鸡蛋的形状，不可能看出质感。如果想画出鸡蛋的质感，需要在轮廓的基础上加入细节，但这是另一件事了。

由于常识是世界的轮廓，真实的世界是符合常识的，所以任何违反常识的经验都可能是错的。这就如同画鸡蛋，如果只有轮廓，那就没有细节、没有质感，但它至少还是一个鸡蛋；如果加入了很多质感的细节，却画成了一个正方体，那么质感再像也不是鸡蛋。

今天，你会看到很多人的想法、做法违反常识，当你用常识质疑他们的观点和做法时，他们会和你纠缠细节，然后嘲笑你的常识太简单，不能解释细节。其实常识的作用根本不是解释细节，而是从宏观上做判定。符合常识的想法和做法不一定对，这就如同符合鸡蛋轮廓的东西未必都是鸡蛋，它还可以是鸭蛋、鹅蛋。但是，不符合常识的通常都是错的，这就如同质感非常像鸡蛋的正方体也不可能是鸡蛋。

那么常识会不会错呢？常识也会错，因为常识是来自过去的经验，过去的经验可能是错的，今天我们会有新的认识。比如人类早期可能会把鸡蛋、苹果、柠檬等食物的轮廓都画成圆形，他们甚至会把这些东西的轮廓和一张大饼的轮廓混为一谈，因为在那个时代，人们的认知只能区分圆的、方的或者不规则形状的。但是慢慢地，人们会认识到鸡蛋或者苹果是三维球状物，而大饼是一个平面物，于是在常识上就会把这些东西分开。再往后，人们会把鸡蛋的轮廓看成是椭圆的，苹果的轮廓看成是有凹陷的球，柠檬则是两头尖的梭形球。那时如果有人再说鸡蛋的形状和苹果是一样的，大家就会觉得他有常识错误。

当然，对于能够直接通过肉眼感知的特征，我们的直觉会给我们相对准确的常识。但是很多时候，事物的本质和表象不同，肉眼看到的"轮廓"可能并非世界真正的轮廓。比如古代人每天都看到太阳从东边升起、西边落下，自然会得出一个结论：太阳是围绕地球旋转的。这个常识对不对呢？我们今天知道这不是对天文现象的一个好的描述（当然也不能完全说它是错的，因为在数学上日心说和地心说是等价的）。到了哥白尼的年代，人们意识到以太阳为中心解释地球和它的关系更确切一些。可见，对于同一件事情的常识是可以改变的。

失效的经验：常识需要更新

常识不一定都正确，对于同一件事的常识是可以变的，但很多人在想到常识、应用常识时，依然把常识看成是静态的、不变的，这样，人就会走两个极端：一个极端是一些人一旦接受了某些常识就会用一辈子，当然就会出问题；另一个极端是一些人看到常识和我们遇到的事实相违背，就彻底否认常识，以后做事情总是把握不住轮廓，完全是随意的。我们需要清楚，常识也是需要不断更新的，并且只要我们不断更新常识，就不会出现上述两种极端的情况，常识就会帮助我们解决主要的问题。

比如过去很多人会认为感冒是因为着凉了，多穿点衣服就不会感冒，这是一种常识，而且在很多时候都被证明是灵验的。但是，我们今天知道，感冒是由病原体引起的，温度低本身并不会导致感冒，这样我们就知道如何更好地预防感冒了，比如增强抵抗力、远离病原体，而多穿点衣服其实只是增强抵抗力的一种方式。再比如古代人喜欢进补，并且总结了很多和进补有关的知识。它们有没有道理呢？在大家普遍营养不良，特别是蛋白质、维生素和微量元素摄入量不足的时代，有些所谓的补品因为富含蛋白质、维生素和微量元素，对身体是有好处的。后来我们知道了，人要想健康，需要摄入足够的各种营养，这是新的常识。摄入足够的各种营养是关键，是不是补品不是关键，这就是用新的常识替代了旧的常识。

那么什么样的常识会变得过时，需要及时更新呢？通常在两种情况下，我们必须更新常识。

第一种情况，那些所谓的常识只不过是从有些经验中归纳出来的结果，这在科学上被称为不完全归纳。比如过去有人总结出，当大街上的女士喜欢穿短裙时，股市就会涨，这其实就是几次巧合的结果，而且总结这个经验的人还刻意忽略了一些相反的例子。后来数据多了，就会发现这种经验是靠不住的，它属于伪常识。马尔基尔在《漫步华尔街》一书中列举了很多这种伪常识，并且逐一进行了解释，在这里我们就不赘述了。

比上述例子稍微复杂一点的"伪常识"就是很多人对癌症和阿尔茨海默病的理解。在很多人看来，由于环境污染、压力大等因素，得癌症和阿尔茨海默病的人比古代多多了，因为古代很少有这些疾病的记载。而对比古代和今天的差别，人们首先想到的是今天的工业化给环境带来的影响。实际上，古代人之所以很少得癌症和阿尔茨海默病这种老龄化疾病，是因为他们的平均寿命太短，而且营养不良，大多数人还没有到得这些疾病的年龄就死了。因此，如果只统计平均寿命为40岁的社会里人们的死因，当然无法了解平均寿命超过70岁社会的情况。

绝大部分时候，人们接触的世界其实只是一个范围和规模都有限的局部世界，总结不出关于整个世界的经验。比如月收入1万元的人，是想象不出亿万富翁的花钱方式的，后者不是简单地把自己的各种花销放大1万倍。因此，人们通过有限经验总结出的常识会有不准确的情况，也是很正常的事情。讲回上一节为什么古人想象不出日心说的模型，因为在他们能够看到的宇宙中，所有天体都是围绕地球旋转的。那么人们什么时候开始接受日心说理论了呢？并不是在哥白尼的年代，而是在伽利略发现了木星的四颗卫星之后，因为从那时起，人们才知道并非所有天体都是围绕地球运转，至少有的天体是围绕木星运转的。从那之后，日心说才完全被天文学家接受，人类的常识也才得以更新。

第二种情况，过去常识成立的条件消失了。科学史经历过多次常识失效的重大转折点，比如1905年爱因斯坦的相对论对很多物理学常识的颠覆。根据人们千百年来的常识，质量、时间等物理量都是固定不变的，但这其实只是在运动速度很慢的条件下才成立的常识。当运动速度提高了，条件变了，时间、质量就不再是恒定的量了。今天人们有了新的常识，光速是恒定的，而质量、时间等物理量都是可以改变的。

在生活中，很多过去我们认为是理所应当的、从不怀疑的常识，到了新时代条件下也就不再成立了。如果我们坚守那些已经没有存在基础的常识，就难以融入新的时代，在其他人看来，就如同还生活在昨天。比如养儿防老在过去是常识，膝下无儿无女就会老无所依。这个常识成立的环境是以家族为基本单位的躬耕社会，社会保障制度非常弱，陌生人之间无法通过商业契约联合起来做事情，因此家庭成员之间互助是常识。特别是那时老人没有退休金，因此老了之后只能靠子女供养。在现代社会，人与人之间的互助方式发生了重大变化，虽然父慈子孝的观念没有变，但是靠子女等下一代养老在新的社会条件下就不合拍了，依靠社会的力量养老就逐渐成为新的常识。

我在很多场合都推荐了一些科普达人的节目，比如李永乐老师的视频和卓克老师的课程，因为他们在不断更新大家的常识，而更新常识对大众来讲很重要。

当然，总会有人打着更新常识的旗号去颠覆常识，其实他们是在做违反常识的事情。那么更新的常识和反常识有什么区别呢？更新的常识能够解释以前常识可以解释的现象，也能解释一些过去常识解释不了的新的现象。比如日心说能解释过去地心说可以解释的天体东升西降的现象，也能解释为什么会有星体围绕木星转。另外，日心说和地心说也不矛盾，只是换了一个参照系而已。再比如，相对论也能解释古典物理学所能解释的所有现象，并且把古典物理学纳入自己的体系中。但是反常识却不然，过去常识能解释的很多问题，它反而解释不了了。比如很多人创造出一些新的金融理论，试图解释一些被包装的庞氏骗局的合理性，但是它们都解释不了一个基本问题，那就是钱是如何无中生有变出来的。

常识应该是我们思考问题的基础和起点，当常识不足以解决复杂问题时，我们才会寻找更复杂的理论、更复杂的方法去解决问题。任何没有被验证过的违反常识的新"理论"，都值得我们怀疑。由于常识的这种重要性，我们需要不断更新常识。

点石成金：变经历为经验

我们前面讲到，获得经验可以是被动的，也可以是主动的。从过往的经历中不知不觉地获得经验，就是一种被动行为；从经历中总结经验，则是一种半主动的行为。

为什么主动从经历中总结经验还只是半主动的行为呢？因为很多人的经历本身就是被动的结果。

2022年美国人口调查局与哈佛大学的一项研究发现[①]，千禧世代的年轻人中有多达80%的人在年满26岁

---

① 资料来源：https://www.wsj.com/articles/young-adults-tend-to-stay-close-to-the-nest-11658721660?mod=e2li.

时仍然住在成长地 100 英里[①]的范围内，只有 10% 的人搬到了 500 英里以外的地方。100 英里是什么概念呢？大约就是中国大一点的地级市的范围。当人们的生活范围就这么点儿大，经历自然丰富不起来。研究还发现，越是家境不好的人越眷恋故土。相比之下，生长在富裕家庭的人，往外闯荡的意愿要高于家境不好的孩子。

在全世界范围来看，美国人还算是具有开拓精神的，愿意到各地寻找新机会，尽管如此，大部分人生活的范围依然很小，世界上其他地区的人的活动范围就更有限了。即便是那些想去哪里就去哪里的人，经历依然集中在自己熟悉的生活轨迹上。几年前有一个电视节目，请比尔·盖茨猜一猜一些日用商品的价格，盖茨猜的结果错得离谱。这也很好解释，他恐怕已经几十年没有进超市买日用品了。因此，虽然他"心系天下"，特别关注人类的未来，特别是医疗和环保问题，但是他真的不知道老百姓是如何生活的。可见，不论是什么人，如果单靠从经历中总结经验，得到的经验都不可能太多。这种做法最多能算是半主动获得经验。

[①] 1 英里 ≈ 1.6 千米。——编者注

主动获取经验

要想真正有效获取经验,就需要主动去做一些事情。很多人之所以成就比较大,和他们主动获取经验有关。

在达尔文的时代,要研究全世界物种的变化或者地理环境是一件几乎不可能的事情,因为绝大部分科学家活动的范围不会超出自己的国家,活跃一点的欧洲学者能够到周围几个国家讲学和游学,就算很了不起了。对牛顿、麦克斯韦这种研究理论物理学的科学家来讲,活动范围小一点也没有什么关系,因为他们的研究不太依靠经验。但是对博物学家或者地理地质学家来讲,足不出户是无法取得突破性成果的。因此,达尔文在从剑桥大学毕业后,乘海军勘探船"小猎犬"号进行了长达 5 年的环球旅行,一路上和各种动物、植物、地质尽可能多地打交道。达尔文一生的成就,大多基于他这 5 年对世界的了解。

和达尔文几乎同时期的德国科学家李希霍芬,在大学期间和大学毕业之后,花了十几年的时间走遍了欧洲、亚洲和美洲。他在加利福尼亚发现了金矿的矿床,这间接地引发了后来的淘金热。在中国,他进行了 7 次探险旅行,提出了"丝绸之路"的概念,为景德镇的瓷土起了"高岭土"的名字,发现了山西的煤储量,为青岛这个城市进行了选址。回到德国后,他继续在地理研究领域做出了很多贡献,成为近代地理学的先驱。特别是他关于中国的著作,让西方人客观全面地了解了中国。李希霍芬随便一个成就都可以算是影响世界的,而他所有的成就都是基于他主动去获取经验。

当然,主动获取经验不意味着要像达尔文和李希霍芬那样周游世界,但是在任何时候,我们都可以主动做一些事情,以获得日常经历无法获得的经验。

我最近看到一个数据,2022年,约翰·霍普金斯大学录取的2000多名本科生,有超过八成在高中期间打过工,在公司里实习过,或者在大学里做过研究。约翰·霍普金斯大学的这个数据在美国顶级大学中非常具有代表性。一个高中生,哪怕学习成绩再好,没有学业之外的工作和研究经验,其实很难被名校录取。

为什么美国的名牌大学在挑选学生时这么看重上述经历呢?因为能够获得上述经历的人都是在主动增加自己未来用得上的经验。这些人比只会在学校里读书的"书虫"有两大优势。一个优势是主动性。无论是在高中打工还是去实验室做研究,都需要自己找机会,学校本身是不会管的。因此,他们不是被动地根据自己的经历获得经验,而是主动出击。

另一个优势是他们已经跑得比同龄人快了。当他们的同龄人还在为自己的作业和考试发愁时，这些人已经在为自己的将来做准备了。

学会科学试错

获得经验除了要有主动性，还要讲究科学性。

通过有目的地探索，获得新的知识、新的经验是好事情，但是要讲究效率，因为如果探索的方法不得当，收获是非常有限的。

比如我们要获得烤面包的经验，在过去，面包师傅是通过继承他们师傅的经验，再加上十几年不断做面包的过程，慢慢地来改进面包的配方，这个速度实在太慢了。今天我们希望通过主动尝试各种面包成分的不同配比，以较低的成本、较短的时间寻找最佳配方。但是，即便是最普通的白面包，涉及的基本原料也有面粉、水、油、蛋、酵母、糖、盐、小苏打等，就算每一种成分的用量有五六挡，至少也有七八万种组合。

人们无论做任何尝试都可能犯错误，而且一开始这个概率还很高。因此，对于主动获得经验的努力，我们有时又称为试错。试错有盲目试错和科学试错的分别。如果不动脑筋，不讲究方法随意尝试，不仅很多经历最终要被浪费，转化不成经验，而且有时还有副作用。比如央行调整利息，调整得不好，就会伤害到经济。专家相比于常人，不在于他们不犯错误，而在于他们是在科学试错，能够控制失败的次数和负面影响，而大部分人则是在盲目试错。

科学试错的具体方法常常和相应的领域有关，不同的领域采用的方法会不同。比如寻找最佳配方这种事情，最常用的科学试错方法是所谓的最大梯度法，俗称"爬山法"。

比如，我们要尝试做出最好吃的面包，除了要调整好各种成分的配比，还要考虑面包烤制的温度、时间等因素，这么多因素放在一起，就把烤面包的问题变成在很多维度的空间中寻求最佳值的优化问题了。那么爬山法是怎么做的呢？我们都知道，要想爬山爬得快，最好的方法就是沿着最陡峭的方向向上爬，比如在下页图中，沿着灰色箭头的方向爬要比沿着黑色箭头爬快得多。灰色箭头的方向也被称为梯度变化最大的方向。在有多重因素控制的优化问题中，其实也存在让好结果最大化的方向，我们一开始要找到这个方向，并且沿着这个方向去做改进，在此之后，才是在一些细节的地方做微调。好的面包师傅都懂得这个道理。

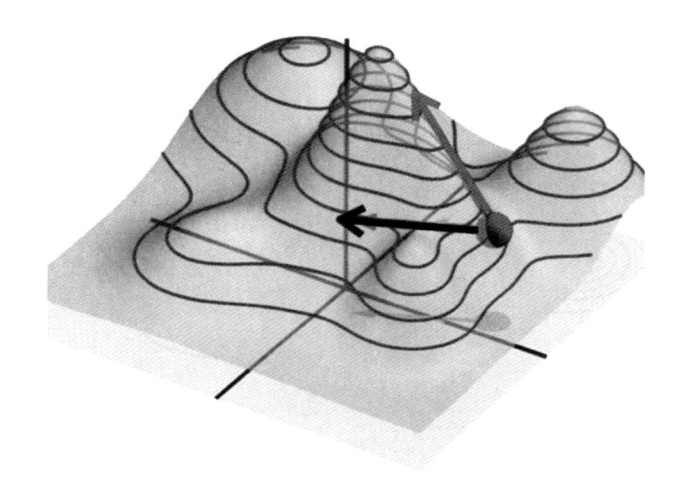

但是在解决有些问题时就不能采用这种方法了，而是要使用比较保守的办法。比如前面讲的加息问题，即便央行行长知道最终要加息 3 个百分点，他也不能冲着这个方向一次加息到位，而是要慢慢加息，看看市场的反应再进行第二次、第三次加息。类似地，一个用户基数很大的公司要改进产品质量，即便知道怎么改，也不能一次改到位，因为那样的风险太大，他们通常会先让 1% 或者 5% 的用户试用新的产品，看到结果符合预期之后才逐渐推广到全体用户。

在一些特殊领域，即便是再谨慎，试错的负面效果也是难以承担的，但是人们又不能不试错，于是只能采用替代的方法。比如在医学研究中，不能一上来就拿病人做实验，要先从动物做起。再比如在航天探索中，无论是载人飞船还是发射卫星，都要在地面上模拟太空的环境做足实验，否则后果不堪设想。很多人做事的时候急于尝试，准备不充分就开始干，结果就是一次又一次的失败，最后形成了失败恐惧症。

虽然在解决不同的问题时，科学试错的具体做法有所不同，但是有两点是相同的。

首先，重视反馈的作用。人类很早就知道利用反馈系统来纠正错误，比如古人说"闻过则喜"，其实讲的就是负反馈意见可以帮助我们从偏离的轨迹回到正轨上。到 20 世纪，系统论的出现让人们彻底懂得，任何稳定的系统都需要反馈，没有反馈的系统就可能不断积累错误，最后偏离目标越来越远。

其次，任何科学试错都是一个渐进的过程，不是一步直接达到目标的。很多人在向别人请教时会提出这样的要求："你就说这件事该怎么做吧，一步步地试太麻烦。"对于重复别人经验的事情，可能存在一步就能达到目标的做法，但是要想获得新的经验，特别是前人没有的经验，就要一步一步地来。今天很多人热衷于弯道超车，其实世界上的直通车几乎不存在。

虽然说科学试错是一个渐进的过程，但是我们需要确保每一次试错都离目标更近一步，也就是说，渐进的过程是收敛的，而不是发散的。比如我们要前往一个 1000 千米以外的目的地，我们只知道大致的方向，不清楚具体的道路，我们该怎么办？唯一可行的办法是渐进接近目标。比如，第一步到达离目标 100 千米的范围内，再找到接下来一步大致的方向，然后每次将范围除以 10，几次就能到达目的地。但如果一会儿往东、一会儿往西，上一次已经接近了目的地，下一次反而走得更远了，那么就很难到达目的地。很多人做事情时就是这样，左右摇摆，今天往左，明天往右，永远在目标之外徘徊。

积累经验要与时俱进

能做到科学试错，积累经验的速度就会比常人快。但是经验积累多了其实也会有副作用，因为很多人会以为自己经验丰富，就会拒绝接受新的知识和经验。我们今天会看到很多人倚老卖老，其实就是过度依赖自己以往的经验而拒绝接受新东西。如果那些经验有用还好，但是很多经验是过时的，而过时的经验有害无益。因此，积累经验也要与时俱进。

几乎所有人都认可经验要与时俱进的想法，但是真正做到的人并不多，因为人的脑容量是有限的，装到一定程度之后就必须删除一些东西，才能让新东西进来，而几乎所有的人都喜欢获得，厌恶失去。如果你告诉他们过去的经验不再适用了，应该放弃，他们是相当不愿意的。很少有人愿意承认自己过去的经验错了或者过时了。每一个人在年轻的时候都反感倚老卖老的老人，而等他们老了之后，也难免成为下一代眼中那样的老人。我这样说并不是对老人不敬，而是提醒大家不要被自己的经验束缚住。

把经历有效地变成经验是一个大话题，没有一定之规，各人有各人的方法，但是主动地、有目的地去获取经验，科学试错，删除过时的经验，对每一个人来讲都适用。

本章小结

经历不等于经验，每一个人只要生活在世界上，经历就会自动地增加。但是将经历转化为经验，甚至为了获得经验专门去做一些事情，不同人的差异就很大了，用不了几年，有类似经历的人在经验上就会有天壤之别。科学而有效地获取经验，是人一辈子要学的课程、要做的事情。

04

做事方法

先动脑还是先动手

直到今天，人们还经常在争论动脑和动手哪个更重要。当然有人会说两个都重要，这种骑墙的说法看似滴水不漏，其实是一句正确的废话。说这种话的人常常是既不善于动脑，又不善于动手。即便是把"脑和手"当成校训的麻省理工学院，培养出来的既能动脑又能动手的全才也不多。

对大多数人来讲，在动脑和动手上总是一方面稍微强一点，另一方面稍微弱一点。因此，对他们来讲，重要的是根据自己的特长决定做什么工作，成为什么样的人。会动脑的人可能会成为理论家、哲学家、智囊，世界少不了他们的贡献；会动手的人可能会成为工程师、医生、企业家，他们对世界的贡献同样很大。

手先于脑，有效学习

在生活中有这样一个女孩，她从小喜欢拆东西，拆完了以后通常都装不回去。对此她的妈妈很烦恼，因为这不仅把好好的东西搞坏了，而且拆下来的零件到处都是，妈妈跟在后面收拾个没完。不过，她的爸爸倒不反对她"搞破坏"，于是她得以继续发展拆东西的爱好。后来，她专注于拆圆珠笔和钢笔，试图搞清楚它们的工作原理。圆珠笔的原理很简单，她很快就搞懂了，不拆了，但是钢笔颇为复杂，小小的钢笔里包含着不少物理学的道理。女孩一直好奇为什么钢笔能吸上水，为什么它既能写出字而墨水又不至于一下子因为重力而漏光，这显然不是小孩子一下子能搞懂的。于是她就把家里仅有的几支钢笔大卸八块，希望能够搞明白钢笔的原理，但是道理没有搞懂，一半的笔却缺胳膊少腿了。所幸的是家里的笔也不值钱，而且没有人再使用那些钢笔了，父母想，拆钢笔总比打游戏强，也不追究。

家里的笔拆完了之后，她又到跳蚤市场和 eBay 上买笔来拆。后来，她的笔拆得多了，又看了些科普读物，知道了大气有压强，也终于明白了为什么钢笔能够吸上墨水了。再后来，在小学的科学常识课上，老师讲了大气压和真空的知识，她很高兴自己比班上的小朋友先懂得了那些道理。回家后她把这个好消息告诉父母，妈妈在夸奖她之后问："你在学校一堂课就能学到的知识，为什么还要通过拆那么多笔去获得呢？"爸爸却说，自己体会的和看书看到的不一样。

搞清楚钢笔能吸水的道理，她又开始琢磨它能写字而不是滴水的道理。于是她经过研究搞懂了毛细现象，算是明白钢笔能写字的原理了。在不断拆笔的过程中，她开始用各种二手笔组装出新的笔，或者修理那些不能写字的古董钢笔。再往后，她拼凑出能写各种字体的钢笔，包括能够写出那些羊皮书上艺术感极强字体的钢笔。

后来她把一些自己改装的笔拿到 eBay 上卖，居然还有人买。她的同龄女孩抽屉里都是各种化妆品和小饰件，而她的化妆盒和首饰盒则被自己改装成了笔盒，里面有几十支各种各样的笔以及大量的零件。她对父母讲，等她将来有了钱，会买一套工具制作自己品牌的钢笔。

当然，她拆的东西远不止钢笔，家里各种小电器也"遭了殃"。不过，她的妈妈不再抱怨，因为她发现这是女儿获得知识的独特方式。

这个拆笔的女孩就是我的小女儿。

每一个人获得知识的途径未必是相同的。大部分人会按照学校和家长设计好的方式按部就班地学习，这通常是效率最高的方式。但是，学校里教授的知识通常只是完整知识的轮廓和其中最重要的部分，里面很多细节是没有时间讲到的。任何人如果想成为一个领域的专家，必须想办法把全部细节补上。

对一些人来讲，动手拆东西、做东西，然后在这个过程中不断思考，再有针对性地去学习、去找答案，就是一个有效的学习方式。根据我的观察，我的小女儿就是这样的人。我想，她抽象思维的能力应该比不上我，但是对各种物件工作原理的好奇心比我强，这也是我从来不阻止她拆东西的原因。在家里，每新买来一样东西，最先学会使用的一定是她。到后来，如果家里的计算机设置被搞乱了，或者哪些功能不能正常使用了，解决问题的也是她。

我的太太有时会有一些担心，觉得女儿这样学东西太慢。在她看来，拆东西难道会产生新的发明吗？我倒觉得，女儿的这种做法或许不是最快的，但至少对她来讲是有效的。我记得她在学习数字电路课程时要用面包板（方便灵活插线的电路板）搭各种电路，她不仅搭得非常快，还经常帮助同学们找错。这让我很惊讶，因为我在大学学这门课时，面对一个面包板上密密麻麻的几十根线，头都会大起来，她高中时居然能够很轻松地学这门课，这一定和她从小拆笔有关。

今天的人遇到的最大问题不是学的知识太少，而是学知识的时候贪多嚼不烂，看似学了一大堆的课程，到了工作中都派不上用场。很多人学了十几年的语文，连一封邮件都写不好，连一件事情都讲不清楚；很多人学了将近十年的英语，出国问个路、点个菜都张不开嘴；很多人学了大量的数理化课程，让他设计一个简单的实验都设计不出来。但如果你拿一张卷子考他们，他们在毕业十年后还能考得很好。这就是问题所在，他们学过的知识很多，但是真正能够深刻理解的、能够让自己受益的，除了一些生活常识，就是在工作中天天使用的，已经用得滚瓜烂熟的那一点点东西，大量只经过了脑子、没经过手的知识和技能对他们来讲不过是摆设而已。

很多人会担心，凡事都要动手试一试，会不会学得太慢，但是慢总比停要好得多。还有人担心，如果必须自己动手才能学到知识，是否就无法借鉴前人的经验了，其实自己动手和借鉴别人经验并不矛盾。

小女儿后来跟着一位教授做科研。当时正值新冠肺炎疫情期间，教授给她和组里学生的一个任务就是把市面上所有的口罩找来拆了，然后搞清楚哪种好，为什么好。拆东西是她的专长，她很高兴和同学一起接受了这个任务。于是他们拆掉大量的口罩，然后进行了大量实验。他们发现布面纤维越细的口罩，过滤病毒的效果越好，这和很多人的直觉是相违背的，因为人们总觉得粗的纤维能够挡住更多的病毒。为了证实他们的发现，他们又进行了实验，并且找到了原因——口罩之所以能够过滤病毒，主要不是把病毒挡在了口罩外，而是口罩上的纤维有静电，把病毒和粉尘吸附在纤维上，让它们无法通过口罩的过滤层。越细的纤维静电吸附能力越强，因为静电场和距离的平方成反比，直径越小的纤维，表面的静电场就越强。有了这个发现，他们得出了两个重要结论：

第一，用一种很细的纳米材料做口罩，效果最好，这种口罩后来也上市了；第二，由于潮湿是导致静电场消失的主要原因，所以任何口罩一旦潮湿就不能再使用了，否则是自欺欺人。这些发现后来发表在一份材料学的杂志上，并被很多论文引用。这件事过后我和太太讲，不要小看孩子拆东西的本领，很多新的发现可能就是从亲手拆东西的过程中获得的。是否有人会先想到越细的纤维电场越强，纳米纤维比普通纤维要细，因此要用纳米纤维做口罩？或许有这样的人，但似乎我的女儿不属于这种具有超级抽象思维的人。

过了一年，小女儿又参加了另一个研究项目，即研究电池的电解液。在过去几十年里，电池的能量密度翻了一番，而电解液则在几十年里改进得很有限。这一次，他们的研究方法还是"拆"，只不过他们拆的不是现有的电池，而是前人已经在电解液研究方面取得的成果，也就是他们所发表的论文。小女儿和她的同组研究人员开始写程序，让计算机读懂那些论文，用机器学习的办法得出可能有效的电解液配方，最后交给一位研究人员做实验确认。最终他们发现一种配方能有效提高充电池的能量密度，并且将研究成果投到了一份顶级学术刊物上。

我一方面为孩子的成就而高兴，另一方面也庆幸当年鼓励她拆笔。如果我要是像很多家长那样逼着她去准备奥数，去参加计算机竞赛，或许她也能取得一点成绩，但未必能很高，而且学的那些东西大概率对她将来没有用。她小时候没事就拆笔、拆家电，反倒让她掌握了一种适合自己的学习方法。任何时候知道怎样学习，都比学到的那点东西更有价值。

因此，至少对我的小女儿而言，手比脑更重要，或者更准确地说，手先于脑。

脑先于手，理性思考

对大多数人来讲，应该是手先于脑。在历史上，对大多数文明来讲，也是按照这个次序获得文明成果的。但是，凡事总有例外，对于一些人他们不会动手，但头脑的思维却异常发达，他们能够用纯粹的理性发现生活中的问题，甚至演绎出很多无法通过动手获得的知识。

在历史上，古希腊人和古印度人在这方面就做得特别好。古希腊人和古印度人具有其他早期文明的民族所没有的一个特长，简单地讲，这个特长就是逻辑思维或者说思辨的能力。

世界上最早的两个文明是美索不达米亚文明和古埃及文明，它们奠定了后来天文学和几何学的基础。但是，无论是古埃及人还是美索不达米亚人，都没有系统性地构建出几何学和天文学，他们找到了很多解决具体问题的方法，却没有总结出数学的定理或者天文学的定律。《莱茵德纸莎草书》一书讲到了算术、几何和简单数论的很多内容，甚至包括 π 的简单计算方法，但是并没有规律性的描述。也就是说，古代文明的人对于经验难以做出客观的、真正反映世界规律的结论。

古希腊：用逻辑思考

但是，到古希腊的毕达哥拉斯之后，情况就得到了改变。西方学者认为，毕达哥拉斯确立了数学规范化的起点，从此才有了基于理性的科学，然后科学才一步步发展起来。

比如对于勾股定理，毕达哥拉斯不是举几个例子来说明这个现象的存在，而是用定理的形式将它表达出来，再用逻辑的方法证明这个定理的正确性。正因为如此，这个定理才被称为毕达哥拉斯定理。在毕达哥拉斯之后，古希腊的很多学者开始采用一种新的方法获得知识，那就是从已经被证明的前提出发，通过逻辑得到结论。这并不是说古希腊人放弃了依靠观测和测量获得知识的做法，而是说他们多了一条新的途径。不仅如此，他们还在验证知识和应用知识上迈了两大步。

第一，他们认定通过逻辑推导出的结论和我们在生活中得到的经验需要一致，否则就是悖论。我们都听说过芝诺悖论，即"飞毛腿"阿喀琉斯追不上乌龟。从逻辑上讲，这个结论似乎符合逻辑，但是从经验上讲，它显然是错的。古希腊人解释不了这个悖论，只好存疑。当然，不符合逻辑的结论一定是错的，并不能等同于符合逻辑的结论一定正确。不过总的来讲，那些既符合逻辑也符合我们经验的结论，可信度非常高，正确的可能性也非常大。善于根据生活经验判断对错，这是每一个人都有的做事习惯，但是凡事要拿逻辑再检验一遍，这是古希腊人独有的思维特点，而这个特点对科学发展至关重要。

第二，在任何符合逻辑、得到验证的知识基础之上，我们可以构建出新的知识，这样就能搭建起一座知识大厦。同时我们也可以在现实生活中应用那些知识，这样一条规律性的知识就能得到成千上万次的应用，从而惠及全人类。在构建知识体系上，最著名的学者当属欧几里得，他通过五条简单的公理和五个常识性的公设构建出整座几何学大厦。在应用知识上，最著名的学者当属阿基米德，他应用数学和物理学的知识解决了很多实际问题。

古希腊文明能够后来居上，超越早上千年的美索不达米亚文明和古埃及文明，这和他们科技发达是有很大关系的，而科技发达的背后，是他们有一套更好的获得知识的方法。一般认为，科学真正的源头在古希腊，此前的文明只具有科学知识，不具备科学体系。那么为什么古希腊人有开创科学的能力，或者说有逻辑思维的习惯呢？这和他们的生活态度有很大的关系。

古希腊地处古代商业网络的交通要道，商业比较发达，那里属于地中海式气候，冬暖夏凉，维持生活比较容易。而古希腊人对物质生活没有太高的要求，每天的饮食就是面包、橄榄油和葡萄酒（古希腊人认为喝水太多会伤害身体，因此喜欢饮葡萄酒）。很多富裕一点的家庭会有奴隶帮助做家务事，因此古希腊人有非常多的闲暇来讨论抽象的问题，并且围绕那些问题展开辩论。比如著名的哲学家苏格拉底，他每天的生活就是吃完早饭，和他的泼妇老婆打个招呼，然后就去广场上和人讨论和辩论，直到太阳落山回家。在古希腊人看来，发现一个真理是一件最令人喜悦的事情。据说当初毕达哥拉斯发现了勾股定理之后，杀了100头牛庆祝。我们也都知道阿基米德的两个故事。第一个是他发现了浮力定律，光着身子从浴缸里跑出来，大喊着"尤里卡"（"我发现了"的意思），向国王去报喜。第二个故事是他埋怨罗马士兵破坏了他在地上画的几何图形，结果遭到了杀身之祸。那位罗马士兵永远不会知道几个几何图形有什么重要的，这其实也是古罗马虽然强大富有，但是在科学上的成就并不大的原因。

在古代世界，所有数学知识的一大半是古希腊人贡献的，这不是因为他们人口众多，甚至不是因为他们技术发达或者经济总量高，而是因为他们的学者关注的焦点和他们做事的方法与其他文明不同。首先，古希腊人喜欢使用逻辑而不是情感来思考。后来，在希腊化时期，亚里士多德总结了古希腊人在逻辑上的成就，写成了《方法论》一书。这本书开创了形式逻辑学，因此亚里士多德也被称为"逻辑学的鼻祖"。其次，古希腊人喜欢寻找和证明定理、定律这样规律性的结论（也被称为命题）。学过几何的朋友都知道，在几何学中有两类问题，一类是证明一个定理，另一类是证明一个一般性的结论。解决它们的方法都相同，但是一个定理被证明之后，可以得到一大堆新的结论，而一个一般性结论被证明之后，增加的知识只是它本身。如果我们把一个知识体系比作一棵大树，定理就是枝干，具体问题就是叶子。世界上几乎没有哪个古代民族像古希腊人那样喜欢解决枝干上的问题，其他民族通常更喜欢关注具体的问题，关注看得见摸得着、对自己有好处的问题，但这同时也就失去了获得大道的可能性。

古印度：由内而外寻找问题的答案

古代文明的另一个特例是古代印度的吠陀文明。在古代的数学成就中，印度人也有很大的贡献，比如他们发明了包括0在内的10个阿拉伯数字（更准确地讲，它应该被称为印度数字）。

0这个概念在数学上特别重要，没有0计数和数学演算非常不方便，而且加减乘除的运算也不完整。比如5-5就得不出结论了。但是，在所有的古代文明中，只有印度文明发明了0这个看似简单，但又不可或缺的数学概念，这件事甚至古希腊人也没有做到。这又是为什么呢？

印度人能够发明0，和他们的文化，具体说就是雅利安人建立起来的吠陀文化有关。

吠陀在梵语中是"知识"的意思。吠陀文化的特点是以宗教的祭司和知识阶层为统治核心，以祈祷、祭祀为生活中心，以《吠陀经》为行为指南。《吠陀经》反映了雅利安人的宇宙观、宗教信仰和人生态度。古代印度人相信，宇宙中的一切都有一个本原的主体，即本体，这个本体在不同的经卷中被描绘为不同的神。按照《吠陀经》的说法，宇宙结构最核心的是空（sunya）和幻（maya）。也就是说，宇宙本是空的，而我们看到的只是幻象，万物皆源于空。中国古代的六祖惠能大师著名的偈语"菩提本无树，明镜亦非台。本来无一物，何处惹尘埃"，就反映出印度文化所强调的无中生有的哲学思想。因此，印度的空幻宇宙与其他古代文明的实体宇宙是有本质区别的。古代中国人认为世界是由金、木、水、火、土五种物质构成的，古希腊哲学中也有类似的观点。

从吠陀时代开始，印度人就以虔诚对待神的方式追求对宇宙的真理。但是他们探求知识的方式和其他文明完全不同。美索不达米亚、古埃及都是从观察世界开始，总结出对于世界的认识，比如他们的几何学和天文学就是这么产生的。到了古希腊文明时期，亚里士多德总结了前人科学研究的方法论，整理出一整套通过观察世界得到知识的方法。古代中国的情况也类似，比如中国古代的数学经典《九章算术》就是从真实世界里具体的问题出发来寻找答案的。但是古代印度人则强调向内心，而不是向外部世界寻找问题的答案。大家可能听说过印度近代的传奇数学家拉马努金，他的研究方法和西方世界的数学家完全不同，他每次寻找数学问题答案时总是求诸内心。

在历史上，印度的知识阶层一直相信通过修行对虚无进行冥想，能够获得对于世界的认识。虚无在印度文化中是一个开放的概念，不同于我们通常理解的没有，它更像是世界万物的起点。后来的佛教和印度教都将虚无这个概念作为其教义的一部分，包括大家练习的瑜伽，也是为了激励冥想，让练习者清空思想和心灵。

当今的印度神话学家德杜特·帕塔纳克有一次在TED演讲中讲述了亚历山大大帝和一位印度修行者的对话。

> 这位世界征服者看着一位赤裸的修行者正坐在岩石上盯着天空发呆，于是，亚历山大大帝就问他："你在做什么？"
>
> "我在感知虚无。你在做什么？"修行者回应。
>
> "我在征服世界。"亚历山大说。
>
> 他们都笑了，因为他们都觉得对方是荒废生命的傻瓜。

对现实世界的征服者亚历山大来说，他需要通过征战才能拥有整个世界，而对那位印度修行者来讲，通过探究虚无，他可以了解整个世界。在印度这种信奉"无"的概念的文化中,"0"不仅必须存在,而且是产生其他数字的重要工具,也是数学的起点。到了近代在公理化的数学体系中,所有数字还真的是从一个空集定义出来的,而不是根据我们的生活经验定义的。

很多人平时在遇到问题时喜欢就事论事地解决问题,这种做法在拉丁语里有一个专门的词,叫作 ad hoc,意思是"为了这个具体的目的"。比如椅子的一条腿断了,你拿根绳子把它绑上,让它能够继续坐人;汽车的天窗老是漏雨,你拿个胶带把它从外面粘死;程序出了漏洞,你又写了段代码,把那个漏洞绕过去。ad hoc 的做法没什么不好,但是它不能从根本上解决问题。

稍微好一点的人,会在椅子腿坏了的时候,给它换一条新腿,而不会凑合;在汽车天窗漏雨时,会分析原因,然后一劳永逸地解决漏雨问题;程序有了漏洞,他们会检查每一个步骤,把有漏洞的程序修复好,以免出现更大的问题。在寻找各种问题背后的原因时,他们就可能有新的发现。

不过世界上还有一些人,他们就像古希腊人和古印度人那样,喜欢理性思考,喜欢刨根溯源。他们善于学习成体系的知识,然后去寻找能够用得上那些知识的问题,把它们解决了。我称这些人是"脑先于手"。这些人不多,但是很多重大的发明、发现都是这些人做出来的。

手先于脑的人，好比发现了钉子之后去寻找锤子，而脑先于手的人则相反，他们先有锤子在手，然后去寻找钉子。我们无法说哪一种方法更好，因为它们适合不同的人。

是脑先于手，还是手先于脑，这件事其实和文化有很大的相关性。实事求是地讲，中华文化更讲究手先于脑，因为大家都喜欢做马上能够看到结果的事情，不喜欢去研究那些完全不知道有什么用的学问。如果你从本质上讲是有这样的想法，就先放弃脑先于手的想法，从实实在在的事情做起。如果你对知识本身更感兴趣，对于精神世界的关注远远超过对物质的追求，那么不妨像古希腊人那样变得纯粹一点，使用理性思考为人类创造一些新知。

太初有为：行动才是答案

探求真知是我们每一个人都应该做的，但是在这个世界上，即便是在逻辑性最强的数学领域，以及比较容易证实和证伪的科学领域，很多问题也没有明确答案，甚至很多问题你永远无法知道它们有没有答案。比如下面这个简单的方程式：

$$3x^3+4y^4+7z^2=0$$

这个方程有没有整数解，其实永远不会有人知道。在数学上有一大堆这样的问题，在现实的生活中这样的问题更多。比如苏格拉底一辈子讨论了很多没有统一答案的问题，比如什么是善、什么是勇敢、什么是正义、什么是虔诚等。他自己并无答案，只是提出问题让大家讨论思考，然后他说，他唯一知道的就是自己的无知。后世的哲学家其实也很难完全回答这些问题，但是却在不断思考。

不是所有问题都有答案

凡事刨根问底是个好事，只有这样才能活得明白，才能发现那些真正有大价值的真理，因此很多人一辈子也像苏格拉底一样会纠结一些这样的问题。比如很多人都问过自己什么是爱情、什么是友谊，他们希望这些问题有标准答案。在寻找答案的人中，最有名的一位可能要算德国的大文豪歌德了，他为了寻找这类哲学问题的答案求索了一辈子，然后把他求索的经历写成了史诗般的巨著《浮士德》。

《浮士德》中的同名主人公可以被看成歌德的化身。他因为了解的自然知识越多就越困惑，因为学得越多，就越搞不清楚知识的本质是什么。在困惑面前，浮士德想自杀。这时魔鬼梅菲斯特找上了他，要和他做一个交易。梅菲斯特愿意给浮士德随意穿越时空的超能力，这样，浮士德就能寻找他想要的一切。而作为交换条件，一旦浮士德对梅菲斯特提供的东西（或者服务）感到由衷的满意，并且希望那一时刻永远停下来的时候，浮士德就得到地狱为梅菲斯特服务。这其实就是用灵魂换取无所不能的能力。

浮士德答应了，他想探求世界上的至善至美。他利用超能力随着魔鬼梅菲斯特游历了五光十色的大千世界，体验了凡人世界的爱情，和少女格蕾琴相恋，但结局是悲惨的，搞得对方家破人亡。浮士德又动用他的超能力回到古希腊，成为英雄，还娶到第一美女海伦，并且两个人生了一个孩子。但浮士德还是不满意，他又回到现实中皇帝的身边，帮助皇帝在战争中取得胜利。浮士德得到了皇帝的奖赏——一片海滩，在那里他想围海造田，实现自己的理想。

在故事的另一头，魔鬼梅菲斯特等了浮士德几十年，实在等不及了，开始为浮士德挖墓。当时的浮士德已经百岁，双目失明，他听到挖墓时铁锹的铿锵声，误以为是工人在施工。这时，他终于认识到劳动是最美好的事情，于是说了一声："逗留一下吧，你是那样美！"

这句话其实是他对未来社会的憧憬，歌德写道："我想看到这样一番忙碌的景象，要在自由的土地上与自由的人民站在一起。"但是根据他和魔鬼的协议，他既然找到了自己心目中的理想世界，灵魂便要让魔鬼带走。于是话音刚落，浮士德便颓然倒地。

《浮士德》揭示了一个真相，那就是很多问题并没有我们所期待的标准答案，因此即便耗尽一生求索也得不到答案。讲回歌德本人和他所生活的环境，当时的德意志一方面四分五裂，政治上腐败，经济上落后，还被拿破仑带领的法国不断入侵；另一方面，拿破仑又把自由和平等带到了欧洲各地。为此，歌德等知识精英很困惑：古希腊的政治制度对很多欧洲人来讲是理想的制度，就如同海伦是最理想的美女一样，但是过去的制度并没有解决歌德的问题。最后，在这部长诗中，浮士德希望围海造田，在白纸上创造一个乌托邦社会，这就是歌德的理想，当然这个理想也不可能实现。最终，歌德意识到，只有劳动、建设才能解决德意志的问题。在完成《浮士德》的创作时歌德已经82岁了，第二年，当这部史诗全部出版时，歌德也走完了他的人生历程。

歌德在《浮士德》中写下了"太初有为"这样一句话，意思是说，在这个世界一开始的时候，人们是先有行动的。歌德在晚年思想发生了巨大的变化，不再纠结寻找完美的答案，而是开始重视行动，这就是他在听到掘墓的铿锵声时非常满足的原因。后来，20世纪著名的哲学家维特根斯坦用这四个字概括了自己的哲学观点。

维特根斯坦认为，很多被人们讨论了上千年还没有答案的哲学问题，其实都源于一个错误的假设，就是万物都有所谓的本质。从苏格拉底开始，哲学家就在不断追问世界的本原是什么、正义是什么、爱是什么这一类问题。比如，苏格拉底就曾经追问到底什么才是虔诚。有人回答他，我的父亲不敬神，我控告了他，这就是虔诚。苏格拉底讲，这只是虔诚的一个例子，不是虔诚的本质。但至于什么是虔诚的本质，苏格拉底并没有给出答案。再比如，对于爱的本质是什么至今没有一个明确的解释，很多人说爱是一种互相倾慕的感情，人们渴望对方成为自己生活的一部分。但是，父母与子女之间的爱就未必如此了。黑格尔进一步把爱抽象成情感关系，但老师爱学生更多的是出于义务，而非情感。更有讽刺意味的是，如果两个相爱的人开始空谈爱的定义，那他们此时就恰恰停止了彼此相爱的行为。因此，维特根斯坦就用"太初有为"作为自己的座右铭，他认为一切的开端是行动，然后才是语言和思想。

达成共识是一致性答案的前提

既然先有行动，再有语言，那接下来的问题就是：语言能否准确地表达行动呢？这里的行动也包括我们的思维活动。维特根斯坦认为，很多时候这也是做不到的。比如，一个每天说"我爱你"的人，和一个从来不说"我爱你"但用行动表达爱的人，哪个更爱你呢？如果你认为只有能讲出一套有关爱的理论才证明自己爱对方，那你就属于苏格拉底一派；如果你认为行动就是爱的证明，不需要给出爱的定义，那你就属于维特根斯坦一派。如果你觉得可以抽象地讨论爱人类，那你就属于苏格拉底一派；如果你觉得需要通过爱具体的人来爱人类，那你就属于维特根斯坦一派。换句话说，对于语言究竟能不能准确地表达行动这个问题，维特根斯坦的看法是否定的。

既然语言不能准确表达行动，那么用语言给出的答案也肯定不是一种行为的标准答案。为此，维特根斯坦和著名数学家、"计算机科学之父"图灵有一个著名的争论——我们应该说"发明"了数学定理，还是应该说"发现"了数学定理？我们一般都认为，数学定理本来就在那里，它们是世界的普遍规律，人类只是发现了它们，就如同毕达哥拉斯发现了勾股定理一样。图灵就支持这种看法。但是，维特根斯坦则认为，数学只不过是数学家规定了某种原则，然后符合这些原则的结论就被认为是真理，因此，应该说是那些研究数学的人"发明"了数学定理或者数学方法。比如，笛卡儿把代数公式用几何图形表示出来，大家认可这种方式，我们就说笛卡儿"发明"了解析几何；同样，我们也说牛顿和莱布尼茨"发明"了微积分。

从这个例子再往前思考一步，维特根斯坦又告诉我们一个重要的结论——人类之间共识的重要性。他举了这样一个例子。

> 我们面前有一个箱子，我用尺子量了一下，说他是长三尺、宽两尺、高一尺，你也用尺子量了一下，发现尺寸和我说的一样，你就认可了我的说法，这就是共识。但是如果我们用有弹性的橡皮尺去量这个箱子的尺寸，每个人量出来的数据都不一样，我们对它的尺寸就没有了共识。而我们之所以能说出一个箱子准确的长、宽、高，是因为我们都拿一把刚性的尺子去测量，不会破坏这个原则，而不是拿一把有弹性的尺子去做这件事。

因此，对于任何问题，他认为有一致性答案的前提是有共识存在。对于那些所谓的无解的哲学问题，并不是因为大家给出的答案不好，而是因为大家对这些问题的理解不一样，无法取得共识，在这种情况下，就不要强求给出答案了。

因此，对于生活中那些不知道答案的问题，不需要纠结，先行动起来就好。维特根斯坦很赞同尼采的一个观点。尼采认为，基督教不是内在的信仰，而是外在的实践，因为有的基督徒连《圣经》都没有读过，却能按照基督教的教义生活。因此，维特根斯坦认为，一个人理解了知识的标志不是能够背诵这些知识，也不是能够把这些知识说给别人听，而是能够用好这些知识。这便是他所说的"太初有为"的含义。

行动才能解决问题

世界上很多事情不是通过答案来解决，而是通过行动来解决的。就说德国吧，从它在17世纪的30年战争被彻底毁灭开始，一代又一代的德意志精英（当时还没有德国）都在寻找答案，但没有什么效果。最终，德意志地区统一为德国，德国崛起成为欧洲强国，靠的是他们从19世纪初到19世纪六七十年代半个世纪的行动。在这期间，德国成为世界上最早进行专业高等教育（即洪堡的教育体制）的国家，完成了工业化，然后在统一问题上取得了共识。这些都是具体的行动。对于德国的成功，历史学家、社会学家和政治家都提出了很多看上去很漂亮，逻辑也能自洽的理论，但这就如同先射箭，后画靶子。

我过去在很多场合讲过，对于成功创业者的经验听听就好，不要太当真。为什么呢？因为那些人最大的价值是他们行动的能力，而不是一开始就对各种复杂问题有了明确答案，然后按照答案去行动。他们的经验大部分是事后对当时的行动给予的一个合理解释罢了。因此，我们在向创业者投资时，对他们津津乐道的商业计划其实没那么感兴趣，我们真正感兴趣的除了对方的诚信、勤奋等基本品质，主要是这个人的执行力以及做事情的决心。创业者要解决的问题都是以前没有答案的问题，否则就不需要创业了，而他们商业计划书给出的答案，是无法反映他们当时对一些问题的见解的。投资的回报，从本质上讲，不是对考试分数的回报，而是对行动力的回报。

"太初有为"，简简单单的四个字，却包含了无限的智慧。

问题的解决，不只靠脑子

世界上有很多事情是学不来的，为什么这么说呢？我先从学科的鄙视链谈起。

我在职业生涯中和各个学科的大学教授打了几十年的交道，这些教授的研究领域，从比较抽象的哲学和数学，到稍微具体一点的实验科学，再到非常实用的医学，以及勉强和科学沾上边的经济学都有。在过去的几年里，我还一直在做一件事，就是建立一个平台，让最好的大学教授给企业家上课。这么多年接触下来，我不得不承认在很多教授的内心里，学科之间是存在鄙视链的。这里事先声明，我接下来要说的纯粹是事实，没有任何偏见。

学术领域一直存在一种学科之间的鄙视链。研究纯数学的看不起搞应用数学的，所有数学家看不起自然科学家。在自然科学中，研究理论物理的看不起搞实验物理的，物理学家看不起化学家，而化学家看不起生物学家和医学家。上述学科的学者都看不起经济学，并且把它排除在科学之外。当然，研究经济学的又会鄙视其他人文学科。这样就形成了一条鄙视链，这种鄙视有些时候大家开玩笑时会讲，有些时候学者会拿来自嘲，但更多的时候只存在于学者们的心中，大家并不会讲出来。

为什么会有这样一条鄙视链？这就和他们所创造的知识的性质有关了。

数学知识一旦被证明，就是正确的，就会永远被使用下去。当然，证明搞错了，大家没看出来，事后被指出错误，这种不属于我们所说的被证明。比如，勾股定理被证明了，不仅会被永远地使用下去，而且很多新的知识都绕不开它，需要建立在它的基础之上。所以研究纯粹数学的人有他们骄傲的本钱。

物理学原本是研究世界万物运行规律的，这些规律在宇宙诞生时就存在了，照理讲能找到这样的规律非常了不起。但是人的认知是有限的，看到的现象可能也只是表象，比如大家看到日月星辰东升西落，并不说明它们围绕地球运转，反而是地球自己在转。因此，物理学的知识每过一段时间就有可能被证伪，物理学家就没那么硬气了。而物理学之所以能够站在自然科学的顶端，主要是靠它的两大特点。首先，"近代物理学的祖师爷"牛顿将它数学化了，牛顿改变世界的大作《自然哲学的数学原理》虽然是一本物理书，但它完全是仿照欧几里得《几何原本》的格式写的，也就是说，他按照几何学的结构构建了物理学，而其他自然科学至今没有做到这一点。其次，物理学能够通过实验证实和证伪，只要把条件说清楚，它的结论要么是对的，要么是错的，清清楚楚，这样大家用起来的时候就很放心。今天的文明成就在很大程度上就是建立在物理学这种性质基础之上的。不可能说具有同样力学结构的桥梁，一座建起来用得好好的，另一座却很快塌了；高铁使用同样的电力，就能维持同样的速度，不会忽快忽慢。

由于篇幅的原因，我们就跳过其他学科，直接分析经济学。经济学是什么？很多人以为经济学是研究如何赚钱的学问，这其实是一种外行的误解，或者说是对经济学庸俗化的理解。大家只要看看，世界上没有几个经济学家能赚到大钱，就知道经济学家想的不是如何赚大钱的问题。那么什么是经济学呢？英国当代著名经济学家莱昂内尔·罗宾斯对经济学给出了经典的定义：经济学是一门科学，它研究的是如何将有限的具有不同用途的资源进行配置，来满足特定的目的。这个定义今天被广泛接受。

从罗宾斯的定义可以看出，至少在经济学家看来，经济学是一门科学。但是在自然科学家看来，经济学家的水平太低，搞出的理论经常出错，而且经常是大家集体出错。比如在2008年金融危机时，没有一个主流经济学家预见了金融危机的到来，以至当时的英国女王对此都惊讶不已。至于个别预测到那场危机的经济学家，后来被发现他们无非是永远看衰世界经济而已，只不过如同一座不走的钟，一天总能准确地报时两次。到2020年，为了应对全球公共卫生事件，世界各国都采用量化宽松的货币政策，以至于到2022年全球发生自1980年以来最严重的通货膨胀，而在此之前，同样没有经济学家发出警告。

在自然科学领域，只要找出一个反例，就能推翻现有的理论，而那些还没有被推翻的理论，都是不断被验证，屡试不爽的。比如牛顿留下的公式，他的同事哈雷拿去用，就能准确预测几十年后彗星运行的轨迹。因此，像经济学家那样，隔三岔五犯错误，还死守自己的理论，被自然科学家鄙视也就不奇怪了。

1987年，世界知名的复杂性科学研究中心圣塔菲研究所（Santa Fe Institute）展开了一次由自然科学家和经济学家共同举行的研讨会，大家交流了一下在学科研究中的心得。自然科学家的代表是在超导领域贡献卓著的诺贝尔物理学奖得主安德森，而经济学家的代表是获得1972年诺贝尔奖的阿罗，他们各自挑选了9名自然科学家和经济学家，组成自己的团队，然后进行了10多天的深入交流。这些被选出的学者，有的后来成为诺贝尔奖获得者，有的成为美国的财政部长和大学校长。

在交流中，经济学家惊讶于当今的科学成就，而自然科学家则惊讶于数学在经济学中的应用。他们发现，经济学家用到的数学公式一点不比自己少，但是他们同时发现，经济学家都非常痴迷于那些简化的数学模型。通过这10多天的交流，双方都对对方的领域有了初步的认识。自然科学家认识到，经济学的问题远比他们原先理解的要复杂得多，但是经济学家反而在用那些简化的、近似的数学模型解决问题，甚至他们还痴迷于过分简化的模型。显然，在自然科学家看来，这种简化的模型肯定会错误百出。而经济学家则发现，一方面自然科学家都低估了现实世界经济学问题的复杂性，但另一方面他们也惊讶于自然科学家能够对一个非常具体的自然科学问题，提出极为准确的数学模型。

自然科学家还发现，经济学家做研究的习惯"特别不好"。自然科学家每提出一个理论，不仅要能解释以前看到的现象，还需要不断做实验来证实自己的理论。但是，经济学家从来不做实验，只是在办公室里算算术，用批评者的话说，就是经济学沦为了黑板上的学说。因此，虽然各种经济学理论看上去很完美，而且在逻辑上都能自洽，但是遇到现实问题就匹配不上了。不仅自然科学家瞧不上经济学家，就连经济学家自己也自我嘲讽。比如，曾经担任美国总统经济顾问委员会主席的著名经济学家格里高利·曼昆就说，经济学家如同拿了过多补贴的奶农。意思是说，经济学家花了很多研究经费，却没有什么拿得出手的产出。直到今天，绝大部分自然科学家都不认可经济学是科学，因为经济学家工作的方式和自然科学家完全不同，经济学的理论难以验证。即便在一些时候证明是对的，它也依然经常犯错误。另外，即便一些理论错了，也因为未必无用而不能完全抛弃。这样的性质显然不是自然科学的属性。

经济学显然有用，因为社会资源的调配其实要靠经济学。那么为什么对于经济学的研究不能像自然科学那样做得更好一点呢？简单的回答是，根本做不到！

经济学的难点在于三个方面。

首先，它面对的问题范围太大、变量太多。我们日常解决的问题通常只涉及少数人，但是经济学的问题涉及整个社会。在过去，一个国家、一个经济体还是封闭的社会，今天的情况则不同，一个小县城和世界不知道哪个地区就产生了联系。比如2022年的俄乌冲突导致德国能源的短缺，到了9月，突然引发了对义乌电热毯需求的猛增。要对这样大范围的问题建立一个数学模型，变量就特别多。做股票投资的人都知道，仅仅是美国，每天都会产生几个甚至几十个经济学数据，一年就是上千个，而每一个所谓的数据，比如某月美国非农业新增劳动力数据，里面其实是一大组数据。有人做过不完全的统计，仅美国一年的各种经济指标就有2万多个，即便你把不重要的删掉，留下10%最重要的，还有2000多个。没有哪个经济学家能把这2000多个指标都研究清楚，也没有哪个数学模型能够考虑这么多的因素。因此，在自然科学家看来，经济学中的数学模型都太简单、太粗糙，其实经济学家也有难言之隐。当然，有人可能会问，有了大数据之后，这个问题能否解决？答案是依然解决不了。

其次，人的经济活动存在非理性的一面。虽然亚当·斯密当初假设人都是"经济人",也就是说都是理性的,能够看清楚自己的利益所在,但这其实也是一个非常粗糙的假设,人的很多行为是非理性的,这些行为会影响经济。比如,很多人炒一些毫无价值的虚拟货币,投入传销中去购买毫无用途的商品,这些就是非理性行为,但是这种行为一旦成为一群人的共识,就会影响经济。在最近几十年里,很多诺贝尔经济学奖都授予了研究经济学中非理性因素的学者。也就是说,这件事现在越来越被学界重视。科学的方法本身是理性的,要用理性的方法解决非理性的问题就不太现实了。

最后,进行经济学的实验几乎不可能。经济学理论的实验场是社会本身,任何一个经济学理论如果要实验,都需要在一定范围内实施,这就会对经济本身产生影响,有可能是好的,也有可能是坏的。由于不同地区、不同时间的条件不可对比,即使在一个地区实验成功,也不等于用在更大的范围内效果会同样好。这和自然科学可以在同等条件下反复实验完全不同。因此,即便是被认为好的经济学理论,换一个时间和地点,也可能出问题;看似坏的理论,在一定的条件下可能反而有效。因此,经济学从来不谈对错,只谈好坏,甚至有时也很难对比好与坏,因为没有参照物,只能看是否有效果。

经济学在人文社科学科中算是最接近科学、最数学化的学科了，其他人文学科如果要按照自然科学的标准来做研究，难度比经济学还大。

我们之所以专门分析自然科学和经济学的区别，倒不是想解释鄙视链的由来，而是想说明，在这个世界上，有很多问题我们是无法直接应用他人的理论、经验或者想法来解决的，很多事情也不是我们动脑筋想清楚就能够做好的。那些事情，只有当我们真正开始做的时候，它们才能被慢慢解决。

这也不是说学习那些理论或者动脑筋不重要，只是因为世界上单纯靠动脑筋能解决的问题其实很有限，大部分事情都太复杂，需要动手之后才知道如何解决。而且这些问题，占我们日常遇到问题的大多数。

学会跳出问题看问题

世界上总有一些问题看似简单,其实我们对它们一无所知或者所知甚少。我们绞尽脑汁也想不出什么好方法来解决它们,我们动手尝试着去摸索,却发现除了消耗时间、浪费金钱,一无所得。比如在历史上,人们就曾经想用圆规和直尺三等分已知角,想给人安装上翅膀像鸟一样飞行,想让机器具有类似人的智能。这些问题一开始大家都不觉得是什么难事,但是真解决起来才知道极为困难。我们接下来就讲讲这类问题该如何解决。先从人类探索这三个问题的历程说起。

看似简单却不简单的问题

用圆规和直尺三等分已知角是一个古老的数学谜题,这个问题稍微学过几何的初中生都能理解。早在古希腊时期就有人尝试解决,但是一直到19世纪大家还是没有做出来。被这个看似简单问题难住的大数学家不计其数,包括大名鼎鼎的高斯。那么这个问题最终是如何解决的呢?这要感谢一个死的时候只有20岁的数学天才——伽罗瓦。他提出了一套新的数学理论,能够很容易地判断任何几何图形是否能用圆规和直尺画出,恰好三等分已知角这件事就做不到。

飞行的问题也困扰了人类上千年,直到19世纪初,人类都没有找对方向。从表面看,鸟和昆虫有翅膀,振翅就能飞行,因此只要给人或者机械装一个能够像鸟一样振动的翅膀就好了,就连大名鼎鼎的达·芬奇也是这么想的。到17世纪,意大利的科学家博雷利才通过研究动物肌肉、骨骼和飞行的关系,指出人类的肌肉力量不足以像鸟类那样振动翅膀飞行,宣告了人类各种模仿鸟类的飞行努力都不可能成功。到19世纪,英国科学家乔治·凯利终于搞清楚了飞行背后的空气动力学原理,于是人们才知道其实根本不需要振动翅膀也能飞行。后来莱特兄弟发明飞机,就是利用了凯利的空气动力学原理。

人类在如何让机器具有智能方面也走了很多的弯路。一开始，人们总想着让计算机模仿人，这条路走了30年，几乎毫无成就可言。后来，学术界把持这种观点的学者称为"鸟飞派"，因为他们就如同当年试图通过模仿鸟飞行造出飞行器的人。当然还有少量的学者坚持要搞清楚智能的机理，他们被称为"空气动力学派"。显然，空气动力学派似乎走的是正确的道路。但是在最初的十几年，空气动力学派也没有什么建树，原因是要搞清楚智能背后的"空气动力学"，要比搞清楚飞行器的空气动力学难得多。直到今天，我们也不敢说智能背后的原理完全搞清楚了，不过，至少这一派学者搞清楚了一件事，那就是智能有多种形态，人的智能只是其中一种。

今天，世界上至少有两种智能形式。一种是以人类为代表的，他们的个体智能水平很高，而且具有所谓的多任务智能，也就是说他们的智能可以解决各种不同的问题，比如写作、下棋、开车、谈判等。这类智能还有一个特点：个体不仅完全可以单独做决策，而且决策水平和群体决策的水平相当，甚至还更高。另一类则以蚂蚁、蜜蜂为代表，它们的个体智能水平很低，只拥有完成单一任务的智能，独立的个体无法做出决策，但是，它们在一起时，群体的智能水平却很高。比如一群蜜蜂能够搭建出结构非常合理的蜂巢，在分巢时做出好的决策。蚂蚁、鸟群和鱼群也有类似的特点。这些动物每一个个体掌握的信息极为有限，但却有一种有效传递信息和综合信息的能力，以至群体在做决策时用的是它们所获得的全部信息。这一点，人类反而做不到。

人类在人工智能领域取得了重大突破，甚至在很多领域人工智能做得比人都好了，靠的就是大数据、计算能力和数学模型。它们是今天全世界人工智能的三大基石，对于人工智能的作用，好比空气动力学对于飞行的意义。事实上，今天的人工智能和人类的思维方式几乎没有共同之处，它们更像是蚁群和蜂群的智能。今天很多城市都在建设智能城市，在大数据和人工智能的帮助下，城市被管理得井井有条。比如在社会安全方面，各种监控设备能够防范各种隐患，这一点在过去靠人类的智慧是做不到的。这样一个智慧城市会有无数的摄像头、传感器以及运行人工智能程序的计算机。把上述任何一个设备单拎出来，它不会很智能，但是当它们构成一个整体时，就形成了一种超人类的智能。

接下来我们说说这三个问题之间的共性。

首先，这三个问题都很容易被描述清楚，即便是外行也能理解问题是什么，因此大家会产生一种天然的反应，就是它们都很容易解决。但是，人类一开始都找错了方向。

其次，这三个问题的答案不在当时人们认知的世界里，或者说，当时全人类的知识储备都不足以解决它们。因此，无论是做理论研究还是动手尝试都不会有任何结果——不仅获得不了成功的经验，也得不到失败的教训。

再次，解决这三个问题都需要理解它们各自的"空气动力学"原理，而这些原理隐藏在更高的维度，而且是常人想不到的方向。具体到三等分已知角，需要的理论基础不是几何学本身，而是近世代数；制造飞行器，不是要想办法快速振动翅膀，而是通过翅膀的形状获得升力；类似地，人工智能不是模仿人的智能，而是从数据和计算能力入手解决问题。也就是说，我们看到的问题是A，其实它的答案在B，而B要么之前还不存在，要么大家没有将它和A联系起来。

最后，解决这些问题的人要么是另一个领域的学者，要么是反传统的人。伽罗瓦是一位反传统的数学家，他20岁时就开创了一个新的领域；凯利在当时被人认为是疯子，以至于他的助手都辞职了；至于最终发现可以用大数据解决人工智能问题的人，是一群研究通信和数学的学者，而不是传统的计算机科学家，他们从一开始就不认为人工智能要模仿人，而是站在计算机的角度看看如何获得另类智能，用另类智能解决过去需要靠人类智能才能解决的问题。因此，一个人如果限制于传统的思维定式，这些难题是解决不了的。

当然，还有一点需要注意，那些长期困扰人类的难题得到解决，是需要长时间等待的，也是需要运气的，因此，它们不能被解决是常态，被解决才是奇迹。

站在更高维度去寻找答案

对于生活在现实世界里的大部分人，可能不需要去考虑如何解决上述难题，但是人的一生也都会遇到一些对自己来讲天大的问题。比如，很多家长和学生就发现，升学和就业的问题是无解的。他们的想法是有一定道理的，我把他们的逻辑总结如下。首先，如果不是一、二线城市名牌大学毕业，"大厂"和头部企事业单位都不会去招生。尽管中国每年上大学的大约有 1000 万人，但符合上述标准的学校可能连 5% 都不到。当然，或许还能通过内部推荐得到一些机会，但是这种机会恐怕也是连 5% 都不到。其次，为了挤进这 5% 的学校，很多人从中小学开始就得特别拼。但是，学生并非都是天才，大部分人再怎么努力也难以出类拔萃。最后，面对这种情况，很多家长开始学习教育学理论，但从结果来看，一代人的时间过去了，问题不仅没有解决，而且好像还更严重了，否则也不会发明出"内卷"这个词。可以讲，大家对这样一个既无解又想找到答案的问题很不甘心，却又无能为力。

其实，解决教育和就业问题的方法不在教育本身。这和几十年前不一样了，过去的矛盾是社会发展水平不高，教育资源实在太少，而且教育资源在数量和质量上提升的空间也很大，因此解决上述问题的目标很明确，就是增加教育资源。另外，由于受过高等教育的人少，每一个人走出大学后的就业机会就很多。今天的情况却是，教育资源是足够的，只是所谓的优质教育资源少。那么有没有可能让所有的教育资源都变成优质的呢？从提高绝对水平来讲，这件事不仅有可能，而且已经做到了。今天一所普通大学的专业课，都不比我读书时名牌大学教得差。但是，如果从相对水平来看，头部学校永远是那5%。另外，从就业来讲，好工作也永远只是那5%。5%的机会是不可能满足100%的需求的，这就是教育问题无解的原因。

在解决教育公平性的问题上，哈佛大学的第一位黑人博士杜波伊斯所建议的办法倒是能根本性地解决问题。杜波伊斯是社会学家和民权活动家，他是从另一个层面，而且是更高的层面来看待教育不公平问题的。杜波伊斯指出，要做到教育的公平，大部分工作其实要花在教育之外，具体来讲，就是要做到社会分工的公平，也就是职业的平等。

我们的社会总是会有分工，会有人从事科技产业、金融服务，也会有人在餐厅里做服务员、做厨师；会有人在写字楼里上班，也会有人在写字楼里做清洁工作，还会有人在野外冒着严寒酷暑从事作业。如果没有分工，社会就运转不起来。

但重要的是，每个人都应该理解，不同的分工不意味着人有高低贵贱之分，而恰恰从事不同工作的人，在维持社会运行和发展上都是有贡献的，都是平等的。在教育的过程中会涌现出很多学霸、很多天才，但还有大量的人并不是学霸和天才，这些人也许上不了最好的大学，有的人甚至上不了大学，但重要的是，不论是什么学历、从事什么样的工作，每一个人都应该得到大家的尊重。如果每一个人在社会中都能获得公平的待遇和尊重，上好大学这件事就不是一件"非如此不可"的事情了。一个社会只有变得公平，只有社会里的每一个人都有尊严，教育不公平的问题才有可能真正得到解决。

日本、欧洲等发达国家也存在教育不公平的问题，但是那里的程度却轻很多。这不在于它们有更多的教育资源、更多高薪的工作，而在于那里社会分工不平等的问题得到了较好的解决。在日本或者西欧生活过的人都有这样一种体会，职级最高的和最低的人，其实收入水平和生活质量相差不算太大。这样的社会会更关注职业平等，而非教育平等。

因此，在遇到那些所有人都无解的问题时，我们解决它的可能性也非常小。通常这时人们对那些问题的认识还不够深刻，关于它们的"空气动力学"原理还没有找到。因此，与其绞尽脑汁自寻烦恼，或者匆匆忙忙动手，不如接受它们无解的事实。当不得不去寻找相应的"空气动力学"原理时，我们应该有意识地跳出问题的本身，到更高的维度去寻找。

本章小结

对于先动手还是先动脑这个问题,其实答案是因人而异、因事而异的,这要看那个人在做什么事情、想成为什么样的人。但是不论是先动手还是先动脑,要想获得真知、获得理论,都需要经过纯粹的理性思考,而不能简单地靠经验的积累。世界上有很多事情并不存在所谓的本质,也不可能有一个统一的答案,对此我们能做的就是先做起来再说。世界上还有一些问题虽然有答案,但是却在当前大众认知所无法触及的维度上。对此我们要么等待,要么必须超越问题的本身,到更高的维度中去寻找答案。

05

重塑能力

改变固有的行为模式

前几年,世界各国最关心的一件事就是创新。特别是在中国"双创"期间,各种和创业有关的词,像风险投资、"独角兽"、商业模式、颠覆性创新,不绝于媒体。

这几年,虽然因为全球公共卫生事件暂时让创新这个话题变得次要了,但从长远来讲,创新将会是一个永恒的话题。因为创新不仅对企事业单位、对国家重要,对我们自己也是如此。我们每一个人都会受益于自己的创新。因此,在这一章,我们就来谈谈和创新有关的话题,特别是创新时要注意的事项。

把钱变成知识和把知识变成钱的区别

促使我想谈这个话题的原因有三件事。第一件事是在几年前"双创"的时候,很多人喜欢问我一个问题,即为什么硅谷地区的创新通常都是技术创新,而国内的创新通常是商业模式的创新。第二件事是每年10月诺贝尔奖获奖名单陆续公布期间,总有一些媒体希望我谈谈为什么中国已经是科技大国了,而且做出了很多世界第一的发明发现,却很少有人能够获得科学类的诺贝尔奖。第三件事是我和我的师兄、英国皇家工程院院士郭毅可的一次对谈,他的一些话让我很有感触。

我们先来从第二个问题讲起。为什么中国是科技大国,却很少有人获得诺贝尔奖。其实过去李约瑟和钱学森也问过类似的问题。李约瑟的问题是，中国古代的科技水平很高，但为什么没有出现科学革命和工业革命。钱学森的问题是，为什么我们培养的人才成不了学术大师。这几个问题其实是同一个问题，而要回答这些问题，先要澄清一个概念，那就是科学不等于我们所说的科技。科技这个词是近几十年发明出来的，其实它包含了两个不同的概念——科学和技术，它们虽然有些相关性，但却是完全不同的两回事。今天很多人会泛泛地谈科技，然后把科学和技术的概念混淆了。

什么是科学？

为了便于大家理解科学和技术的差别，我们用一个比喻来说明。科学研究就是把钱变成知识，而技术开发就是把知识变成钱，这样一说，大家就知道它们不是一回事了。中国古代有技术，而且曾经在技术上还相当领先，但是真正意义的科学并不多。今天，中国在科学上取得了很多成就，但是相比在技术上的成就依然少得很。国内很多大学教授，一方面做科学研究，另一方面又想着如何把科研成果转化为生产力，变成钱，这种想法其实不符合科学发展的模式。如果只是想把科学作为一个媒介，把钱变成更多的钱，那么还不如直接到华尔街去投资，甚至去澳门赌博呢。这也就解释了为什么到目前为止，中国获得诺贝尔科学奖的人并不多，中国也没有像钱学森所期望的那样出很多学术大师，因为很多人把科学和技术混为一谈了，并且希望两件事都要做。

那么一个社会环境怎么才能诞生科学？什么样的人才能做好科学研究呢？2022年，我和香港科技大学首席副校长郭毅可院士讨论了这个问题。郭院士讲，其实在做科学之前要先搞清楚科学是怎么一回事。郭院士讲，"科学就是研究一些扯淡的事情"，这是他的原话。为什么这么说呢？因为科学是一种以获得关于世界结构和规律的知识为目的而进行的智力活动，它的方法是观察和实验。因此，人们在研究科学的时候是不知道最后有没有用、能不能赚到钱的。只不过有些科学研究后来发现能够变成技术，赚到了钱，这是后来的事情，不是当初的目的。比如今天深度学习的算法很有用，不少公司靠这种算法赚到了钱，其实在2000年前后约书亚·本吉奥、杰弗里·辛顿和杨立昆研究这个算法时，大家都不看好它的用途，甚至这批人自己都不知道将来它有什么用，只是觉得这个问题需要解决，而且能够解决。至于后来它找到了应用场景，那也是后来的事情，和当初他们要做这件事无关。

因此，在历史上，研究科学的人要么自己很有钱，而又对世界的规律很好奇，比如当年牛顿的同事波义耳和哈雷；要么有人支持他做研究，以满足他对知识的渴望，比如牛顿本人，以及今天被各国政府支持的科学家们。相比成为物质上的富翁，真正的科学家更希望成为精神上的富翁。比如高斯想出了用圆规和直尺画正十七边形的方法，而之前牛顿就没有想出来，于是高斯特别满足，他甚至希望在他的墓碑上刻一个正十七边形，因为这是他最引以为荣的事情。

此外，做学问的人对科学需要有宗教般的虔诚，一个典型的例子就是毕达哥拉斯。毕达哥拉斯在科学史上是一位划时代的人物，在他之前只有"前科学"，在他之后科学才开始逐渐形成。毕达哥拉斯对数学的态度近乎对待宗教的态度，他把数学神圣化，他认为数学可使灵魂升华，与天地融为一体，万物都包含数，甚至万物都是数，"万物皆数"的说法就来自他。当时很多人为了求知想要加入毕达哥拉斯学派，但是并不容易，因为他们要接受长期的训练和考核，遵守很多的规范和戒律。

到了中世纪，在伊斯兰世界和欧洲，很多学者怀着非常虔诚的心想搞清楚上帝创造世界的奥秘，虽然当时的研究条件并不好，但是这些人能够几十年如一日地做研究。今天，虽然很多科学家不再信仰宗教，但是他们对自然规律依然有着宗教般的敬畏。

什么是技术？

接下来，我们再说说如何把知识变成钱，也就是技术领域的工作。

既然要把知识变成钱，就需要相应的知识存在。因此做技术工作的，首要任务不是去创造新知识，而是寻找已有的知识，看看如何把它们用好。这就好比要炒一盘鱼香肉丝，去买两斤猪肉就好了，而不是先去养猪。今天很多做技术的人不是这么想的，他们总想创造出一些之前没有的新知识。有些时候，做技术确实能产生新知，但那是在将知识变成钱的过程中创造出的副产品，不是初衷。在一些科技企业中，大家会发现这样一种现象，管理者安排一个博士生去改进一个产品，但这个博士生总是热衷于基础研究，对产品本身的改进没有兴趣，觉得那种工作没有发挥自己的特长。这个博士生的想法其实就是没有体会到什么是技术，他把技术开发和科学研究混为一谈了。技术开发的目的或者说创新的目的是赚钱，不是创造知识。

创新要基于现有的人类知识，或者说，要用已有的知识来创新，不要等别人去开发新知识才开始动手。在这方面，乔布斯就做得特别好。乔布斯一生主导了很多技术发明，他设计的产品常常让人眼前一亮。不过，当你把他所设计的产品拆开了看，所有的技术都是早先就有的。以苹果手机为例，它一出来时最大的亮点是那个触摸屏，而那种触摸屏技术是20世纪80年代伯克利分校的教授们发明的，乔布斯只是在上面做了一点改进，通过软件实现了双触屏的很多功能，于是双触屏也就成了一种新技术。

为了实现技术创新，个人需要不断学习新的科学知识和技术成就，这样才能在更高的基础上做到技术进步。而一个国家和地区需要对新技术实行保护，同时也要保证从事技术创新的人在收益上超过做生意的和搞管理的，否则为什么要去做技术开发这种吃力不讨好的事情。虽然我们说技术是把知识变成钱，但如果技术得不到保护，不能变成钱，就不会有人去开发技术了。假设在一个社会中，企业 A 花钱开发了技术，指望因此赚大钱，但是企业 B 直接偷去用，让企业 A 无钱可赚，那么企业 A 肯定不会再去做技术开发了，于是大家都不开发，最后只能互相抄袭。今天，绝大部分人都有一个错误的认识，觉得药厂开发出新药后不应该卖那么贵，否则有失人道主义原则。其实今天一款新药的研发成本，不包括一开始科学研究的费用，大约需要 20 亿美元。如果那款新药最后卖不到 20 亿美元，就不可能有药厂再去花钱研制新药了，于是人类很多疾病就难以救治，寿命就难以进一步延长了。

了解了什么是科学、什么是技术，一个科研机构、一家企业就知道什么事情该做，什么事情不该做了。当然，有了一项技术还不等于创新就完成了，更不等于在商业上就能成功，这件事我们下一节再讲。

什么是真正的从 0 到 1

彼得·蒂尔的《从 0 到 1》这本书在创业圈有一定的影响力，不过，在这本书中，有一件事作者却没有写清楚，或者说强调得不够，那就是从 0 到 1 是一个完整的全过程，不是脑子灵机一动想到一个什么好点子就算完事了。彼得·蒂尔在书中给出了几个从 0 到 1 的例子——盖茨创办微软，乔布斯创办苹果，佩奇和布林创办谷歌。其实从严格意义上讲，在这三个例子中，从 0 到 1 的过程恰恰不是微软、苹果和谷歌完成的。操作系统不是盖茨原创的发明，微软的拳头产品 DOS 和 Windows 最初要么是买来的，要么是和别人学的；乔布斯在发明苹果个人计算机、iPod（便携式多功能数字多媒体播放器)、手机和平板电脑之前，其他公司都有类似的产品；至于网页搜索，在佩奇和布林创办谷歌之前，已经有好几家类似的公司了。不过，如果把从 0 到 1 的定义，由从无到有改成从科学到技术再到产品，最后到商业成功的全过程，蒂尔的这几个例子就说得通了。

我经常用发明青霉素的例子来说明光靠偶然的运气或者灵机一动，甚至有准备的头脑，都是远远不够的。如果要问到底谁发明了青霉素，大家会想到弗莱明。他因为一次偶然的发现，找到了能够杀死细菌的青霉菌，于是便发明了青霉素。这个故事在世界上几乎家喻户晓，然而，这个故事其实非常误导人，因为它只说出了一小部分事实，以至让很多信以为真的人觉得从无到有做成一件事很容易，只要有一个有准备的头脑就行了。

那么真实的情况是什么样的呢？弗莱明的确因为培养的细菌被霉菌杀死了，而想到了霉菌中含有抗生素。但是，培养皿中的霉菌并不能直接入药，在接下来的 10 多年里，弗莱明并没有取得更多的进展，以至他最终决定放弃这项研究。这时，另一位科学家霍华德·弗洛里注意到了弗莱明的研究成果。和弗莱明不同的是，弗洛里有一支强大的科研团队，包括生物化学家钱恩、爱德华·亚伯拉罕和希特利等人。后来，钱恩和亚伯拉罕从青霉菌中分离和浓缩出了它的有效成分——青霉素，这才有了能够作为药品的青霉素这种物质。此后，希特利研制出一种青霉素的水溶液，并且调整了它的酸碱度，这才使得青霉素能够给人和动物注射使用。在这个过程中，弗洛里显示出他的组织才能，他动员了当时很多资源来帮助实验室培养青霉菌，保证了他的同事可以做研究。

但即便如此，在实验室里制造的那点青霉素药物也只能做老鼠动物实验，不足以给人使用。如果青霉素的研究就此止步，就不会有后来能拯救亿万人生命的灵药了。弗洛里意识到光靠科学家是不足以完成青霉素从 0 到 1 的过程的（当然当时还没有这种提法），他需要大药厂的帮助，于是他动员了英国著名的两家药厂葛兰素（今天的葛兰素史克）和金宝毕肖（后来卖给了辉瑞公司）参与研究，但是仅靠英国的力量也不够。所幸的是，当时第二次世界大战在即，美国人也意识到抗生素的重要性，在洛克菲勒基金会的帮助下，弗洛里将一半的团队派到美国，在美国人的帮助下继续研究。在美国，研究人员一度为如何提高霉菌的产量而犯愁，幸运的是一位护士在希特利的指导下，在市场上找到了一种长满绿毛的哈密瓜，这才找到能够大量繁殖并产生青霉素的菌种。再往后，弗洛里终于说服了美国各大药厂，特别是默克和辉瑞，投入上万名工程师，一起来解决制药中的工程问题，这才让青霉素得以量产。

与此同时，留在英国继续做研究的亚伯拉罕，终于搞清楚了青霉素能够杀菌的原理——青霉素中的青霉烷溶解了细菌的细胞壁，杀死了细菌，而这种物质对人和动物无害，这才让我们敢于大胆使用青霉素。再往后，英国著名女科学家多萝西·霍奇金通过X射线衍射，搞清楚了青霉烷的分子结构。麻省理工学院的科学家希恩又基于霍奇金的研究成果，人工合成出了青霉素。这才让这种神药能够很简单地被生产出来，而且便宜到全世界所有人都用得起。至此，发明青霉素从0到1的全过程才算走完。

在这个从0到1的例子中，除了我们前面说的科学和技术，其实还涉及另外一个相关的概念，那就是工程。

在青霉素的研制过程中，默克等药厂解决了很多工程问题，比如，当时工程师遇到的一个看似简单却费了很大劲才解决的工程问题。在实验室里培养霉菌提炼药物用的都是培养皿等小型容器，但要大量生产青霉素，就需要那种能装几吨霉菌培养液的大罐子，因为药厂需要培养上千吨霉菌溶液。但是，罐子一旦大了，霉菌的培养液就会发酵产生大量泡沫，那些泡沫就会阻碍空气和培养液的接触，没有了空气，霉菌就无法生长了。这个看似不大的问题若得不到解决,青霉素的产量就上不去。后来礼来制药公司的工程师发明了除泡剂,才解决了这个问题。最终,药厂能用40立方米的巨型"池子"来培养青霉菌,而且还把青霉菌的浓度也增加了80~90倍。这样才保证了在二战后期,英美军队每一个伤员都能使用到青霉素。可见,只有技术,如果不能解决工程问题,创新可能就会被埋没,不会为世人所知。

那么什么是工程,或者说工程和技术有什么差别?技术强调的是满足人类的某种需求,以开发新的或者改进现有的方法和流程。工程则是一种系统的、能够迭代进步的,设计、加工和制作以满足人类需求的产品和服务。因此,技术强调新颖性,而工程则强调可重复性,能大量复制,能产生可预期的效果。你设计了一个新式的桥梁结构,它用到了固体力学的原理,这算是技术;你用现有的材料,把那座桥搭起来满足交通的需要,而且在同样的环境中还能用同样的成本搭起同样的桥,那是工程。

近几年,有很多投资新能源汽车的基金赔了很多钱,原因很简单,那些投资人只知道看技术,不知道考虑工程的因素。一家初创的新能源汽车公司,从特斯拉挖几个人过来,打造出一辆能跑的样车不是一件难事,这只说明这家公司有了技术。但是这家公司能够一个月生产出一万辆车，而且能保证每辆车品质都相同，就是另一回事了，如果能实现，这说明该公司能够在工程上做汽车了。到此为止，从0到1才算完成。

当然，有人可能会觉得，我如果做软件、做互联网服务，不就没有工程问题了吗？因为一旦软件开发出来，复制多少份几乎都是零成本的。软件产业当然有这个特点，我们不能用传统制造业的标准来要求，但是软件产业也存在大量工程问题。比如，你开发了一款手机上的健身App，它的复制当然不涉及制造成本，但是这并不意味着它不需要解决工程问题。假如这款App用了手机一半的处理器资源和大量的内存，这就是没有解决好工程问题。程序员写一些程序，可以实现健身的各种需求是一回事，因为它不需要太考虑资源的占用，只要功能都实现了就好，但是写一款实用的App是另一回事，因为里面所有的工程问题都需要解决。如果能使用10兆的内存，就不需要用100兆；如果能只占用3%的处理器资源，就不要占用10%，做到这些，就是解决好了工程问题。只有工程问题都得到解决的App才有人愿意长期使用。当然，软件本身的稳定性也是一个必须要做好的工程问题，一个体验很好的软件，如果三天两头崩溃显然是不行的。

今天很多移动互联网企业做的东西看似有用，但就是没人用，很重要的原因就是工程问题没有解决好。很多创业者甚至不知道这一类应用中存在大量的工程问题，他们甚至认为在工程上多花点功夫是浪费时间。

从0到1显然不是一开始有一个好想法，或者发明了一项新技术就算完成了，而是要走完从想法到技术再到大家真正受益的全过程，苹果、微软和谷歌都是如此。当能够从这个层面理解从0到1之后，我们就会发现这其实是一件很难做到的事情。如果不能做好全过程，从结果上讲，那么把后一半做好更重要，也就是说不管从哪里开始起步，至少要把事情做完。事实上，苹果、微软和谷歌都不完全算是从0开始，但它们都是走完了后半程的公司，也就是说，它们是从某个起点走到了1。世界上从来不缺迈出第一步的人，但是通常迈出了这一步就没有下文了。很多人以为自己完成了从0到1，至少也是从0走到了0.1，其实任何不完整的工作都是没有意义的，只有完成了1，你之前所做的工作才能体现出价值。

对创业者来说，走完从0到1的过程，解决了从技术到工程的所有问题，还只是成功的第一步，接下来还有很多问题要解决。比如，不仅要做到好，还要做到不贵，这样才能满足大众需求。这是我们后面要讨论的问题。

大众需求与小众需求

2022年,我和一位在日本做风险投资的朋友聊起国内某家曾经风生水起的创业公司失败的教训。这位朋友根据他对该企业的了解,一针见血地指出了那家企业创始人最大的问题,就是他把身边朋友的需求当成了大众需求。这种情况在创业者中其实很常见。接下来我们就来谈谈大众需求和小众需求之间的辩证关系。

不要把小众需求当成大众需求

小众需求通常变不成大众需求,这和人努力不努力无关。

很多人会因为自己和周围人的某种需求得不到满足，做出一些发明创造，以满足这些需求。这些需求有些是所有人都有的需求，比如在19世纪末，费里克斯·霍夫曼因为自己的老父亲饱受风湿病之疼痛，决定发明一种止疼药，最终他发明了阿司匹林。这种个人的需求本身也是大众的需求。但是很多个人需求就不是大众需求，或者说不可能成为大众需求。比如甲骨文创始人拉里·埃里森喜欢日本的文化和美食，觉得硅谷地区的日式料理做得不够正宗，就自己开了一家高档的日式料理店。这家店位于硅谷的中心帕罗奥多（Polo Alto），店面不大，价格高昂但生意很好，经常订不上位。不过，埃里森也就开了这一家。大家可能会问，既然生意这么好，为什么不再开第二家了呢？原因很简单，埃里森知道，他的喜好是小众需求，大众是不可能为了食物更精致一点花那么多钱的。

今天很多企业出于爱屋及乌的心态，本能地把自己所做的、原本属于小众的需求当作大众需求来对待，觉得只要自己努力，就能把它做大，满足大众的需求。这种想法用一句俗话讲就是"想多了"，因为大众并没有他们想象的那样的需求，这其实也是很多企业和个人失败的开始。有着这种想法和偏好不奇怪，因为人类有一个特点或者说弱点，就是喜欢大而不喜欢小，喜欢获得而厌恶失去。

小众需求也要得到满足

大众需求和小众需求各有各的必要性,各有各的市场。

世界上不可能只有大众需求,有些小众需求也需要得到满足,这会形成相应的市场。除了我们前面讲到的埃里森开日式料理店的例子,米其林餐厅其实就是在满足小众需求。在商业上,最成功的案例还不是这些奢侈的餐饮消费,而是保时捷汽车。当初大众汽车和保时捷汽车的创始人老费迪南德·保时捷博士和他的儿子,成功地把小众需求做成了一个不小的生意。

老费迪南德·保时捷博士,是德国著名的汽车工程师、发明家和企业家,在欧洲汽车工业的地位堪比福特在美国的地位。为了让当时德国的老百姓家家都能买得起汽车,他创立了大众汽车公司,针对大众市场生产汽车,其中最有名的就是便宜实用的甲壳虫汽车。这款大众产品卖了几千万辆,成为历史上最受欢迎的车型。但是,老费迪南德和他的儿子费利·保时捷都懂得一个道理,就是我们每一个日常开车的人都希望自己的汽车性能可以适应任何路段。当然这样的汽车价钱会更贵,因此只能做成小众需求的产品,于是他们创办了另一家公司保时捷汽车,然后向市场推出不仅仅是在赛道上开的日用跑车——保时捷356。保时捷356针对的是喜欢开车的高薪阶层，那是一个小众市场。如果你从外观看，这种日用跑车和大众甲壳虫汽车非常相似，但是由于性能不同、内部的结构不同，价格会相差很多。后来，保时捷又推出了一款性能更高的跑车保时捷911，它依然针对小众市场。今天保时捷的年产量也只有30万辆，而它的姊妹公司大众汽车的年产量却高达900万辆，是前者的30倍，但是两者都很成功。

当然，总会有人想，产量上去了，成本是否就能下来？大众产品是可以做到的，但是小众产品不可能因此成为大众产品，这里面有三个原因。

其一，很多产品和需求之所以是小众的，就是因为它具体的要求非常多，成本下不来。比如，每一个钢琴家对于钢琴的音色都会有自己的偏好，这是不可能通过大规模工业化生产实现的，要一台一台做。因此，针对大众的雅马哈钢琴在做宣传时，会强调每一台雅马哈的品质都是相同的，但是针对钢琴家的施坦威则会宣传每一台都有自己的特点，钢琴家会根据自己的喜好挑选。

其二，世界上永远有人不想让自己和其他人看上去相同，他们要强调个性。如果一个原本针对他们的商品所有人都在用，他们就会选择放弃。今天很多奢侈品品牌就是利用顾客的这种心理做生意，它们会把品质提升一倍，然后把价格提升十倍。

其三，有些需求真的就是小众的，比如很多药品便是如此，因为得那些罕见病的人非常少。这两年，你可能看过这样一则报道，一种叫作 CAR-T 的治疗癌症的靶向药要几十万美元一剂。很多人不了解情况，指责药厂漫天要价。药厂解释是因为这种完全个性化的药品不是简单几粒药，而是一整套治疗方法，成本确实很高。当然，很多人就是想不通，为什么不把它变成大众产品，量上去，价格不就下来了吗？实际上这种药的量是上不去的，因为适合这种疗法的癌症患者很少。CAR-T 还不是最贵的药，像治疗脂蛋白脂肪酶缺乏症（LPLD）的药物 Glybera，一年就要上百万美元，而这种病又非常罕见，全中国可能都不到千例。为此，就需要一个制药公司专门去研制和配置相应的药物，成本当然不可能下来。

可见，世界上确实有不少只有小众需求却值得做的市场，但是对待它们的策略不能像做大众市场那么去做。

平衡大众需求与小众需求

让我们来尝试逆向思考大众市场和小众市场的问题。小众市场的需求是存在的，但是要满足小众市场的需求成本是比较高的。从有效利用社会资源的角度来讲，服务的需求方如果能够稍微调整一点自己的需求，放弃一点个性化的要求，自己的小众需求就变成了大众需求，满足需求的成本就低很多。比如大家去买车，如果你对颜色没有特别要求，价格就会便宜不少，如果一定要某一种特定的漆，可能就要增加上万元。很多人会问代理商，那桶漆也就是几百元，为什么要加上万元？一方面是因为那些小批量的产品平摊下来的人工费和管理费很高，而且什么时候能够卖出去完全没有把握，要垫付的资金多；另一方面也是厂家鼓励大家去买大众化产品，这样可以让它们的生产、制造和销售更简单。

作为提供服务和销售的一方，但凡是善于经营、善于获取利润的，都懂得不要给用户太多选择的道理。这一方面是因为当用户挑花眼后，他看到的只是每个选项的缺点，而不是优点，本来能达成的交易反而达不成了；另一方面，那些看似为顾客着想的选项会让自己的成本暴涨，吞掉所有的利润。

在几年前打车市场还是群雄逐鹿的时代，一些很早进入这个市场的企业反而最先出局。这些企业都有一个共同特点，就是觉得该让乘客选择司机，甚至给乘客选择行车路线的权利。虽然少数乘客为这个选项叫好，但其实绝大部分人根本不在乎，他们只关心价格是否便宜，以及司机是否来得快。这些给了选项的企业当然运营成本就高，被后面运营成本更低的企业挤出市场也就很正常了。

很多时候，大众并不清楚自己想要什么。当他们不知道有选项时，就不会提出过多小众的要求，而愿意接受一个性价比还不错、自己基本需求也能得到满足的产品和服务。这也就是苹果公司每次推出的产品型号都很单调的原因，它就是不给消费者太多的选择，刻意把一些小众需求合并成大众需求。

当然，总不可能所有的人需求都是一致的，一些小众的需求总需要被满足。于是任何一个成熟的产业，都会最终找到平衡大众需求和小众需求的方案，让小众需求在付出溢价的同时，不至于价格让他们完全承受不了。全世界主要工业化国家的企业级软件市场便是如此，它们都是通过基础软件和应用模块来平衡控制成本和需求多样性之间的关系的。

世界上每一家企业所需要的软件和信息技术服务其实是有差异的，这不仅和它们的业务有关，而且和它们做事情的方法，或者说企业文化有关。企业文化决定了做事情的流程，然后就需要有相应的管理工具来满足那些流程。一家软件公司显然不可能为了销售软件强制改变企业文化。对此，全世界的软件产业基本上分为两类。第一类是做基础软件的公司，包括甲骨文、微软和IBM等。它们提供底层的数据库服务和基本功能服务。这些企业显然是服务于大众市场的。第二类是在第一类基础之上实现特定功能的软件公司。比如一家制造业的工厂需要ERP（企业资源规划）服务，这类公司就会提供相应软件。但是由于各个工厂的需求不同，不可能用一个软件满足所有需求。那么这时该怎么办呢？软件行业的做法是，提供一些比较通用的模块，让企业自己挑选搭配。这就如同大家去宜家买家具，买了一堆半成品的部件回来，再通过简单的搭配满足自己的需求。类似地，提供人力管理软件、财务管理软件的企业，都是这么做的。

几年前我参加国内软件行业的一个论坛，国内几家头部软件企业的管理者都在抱怨行业的利润率低，客户的要求千奇百怪，每一单生意都需要订制，等等。我对他们讲，这既可以理解为国内企业级的软件市场还没有培育出来，也可以讲是客户被这些软件企业惯出的毛病。因为很多软件公司不肯花功夫把工程质量做上去，试图通过取悦客户获得合同，于是客户就不断提出个性化的要求，搞得软件公司疲于奔命。由于国内软件行业的利润极低，全中国上市的软件公司市值加起来还抵不上美国一家中型软件公司，比如 Salesforce（赛富时）或者 Adobe。这就是把明明可以做出大众市场的生意，按照小众市场做的结果。

当然，大部分人不会创业，不会成为企业家，也不必担心大众市场和小众市场的关系，但是，大家如果仔细想想，我们每一个人也要被周围人认可，同时也要接受市场和其他人为我们提供的服务，因此就有必要处理好大众和小众的关系。

举一个例子，假如有个人在单位中总是提出很特别的要求，大家就会觉得这个人不好相处，这其实就是因为大家为他服务或者和他打交道不得不提供个性化的服务，而这种交往成本其实是极高的，于是很多人就懒得和他打交道了。相反，如果一个人很随和，从本质上讲，就是说他的需求和大家的基本需求、他的习惯和大多数人的习惯，都是一致的，大家不需要刻意做什么就能和他相处。你对待他人时，如果对方需要很多特殊的关照来维持你们之间的关系，你就需要考虑考虑这样的人是否可以深交了，因为你没有精力特别关照某一个朋友。同时，你其实对自己所特殊关照的人有更多的期望，就如同企业为客户提供定制化服务后希望获得更高的利润一样。理解了大众和小众的关系，我们就能更好地安排自己的时间、精力和资源。

当然，我们身处的世界是一个很复杂的世界，市场不能简单地以大众和小众来区分，但是在设定目标之前，搞清楚大众与小众的关系，得到我们该得到的，不奢望不属于我们的，总能让我们少走弯路、少犯错误。

关键路径和替代方案

和大众需求与小众需求相关的另一组重要关系，就是关键路径和替代方案的关系。

关键路径这个概念来自图论。它的本义是指，在一张连通的图上（比如一张地图上），即便两个点之间有很多条通路，如果某一段道路是所有路线都绕不过去的，那么这段道路就是关键路径。相反，如果某一段道路有可替代的道路，那么它就不是关键路径，而那条替代它的道路就是替代路径。替代路径在商业上也被称为替代方案。我们不妨通过一个具体的例子，来看看关键路径和替代方案之间的差异。

掌握关键路径就成功了一半

我在《浪潮之巅》一书中讲了安迪-比尔定律。安迪是20世纪90年代英特尔的首席执行官安迪·格鲁夫，比尔是当时微软的首席执行官比尔·盖茨。他们所在的公司，一个提供了个人计算机时代几乎所有的处理器，另一个则控制着当时的操作系统。安迪-比尔定律讲的是，每当处理器性能提升后，操作系统和其他软件就会吃掉处理器性能的提升，让你不得不去买新的计算机，于是整个个人计算机产业就这样被推动着不停地往前发展。当然大家会想，我能不能不去更新计算机，这样不就省钱了吗？答案是不能，因为没有新的操作系统，新的软件就用不了了，而没有新的处理器，新的操作系统运行的速度会非常慢，甚至运行不了。

在整个个人计算机时代，处理器和操作系统是两个绕不过去的关键路径，因此这个时代也被称为 WinTel 时代，即 Windows 操作系统加上英特尔处理器的时代。在整个个人计算机时代，只有这两家公司长期赚大钱，其他成千上万的企业只是"打酱油"的，它们有些可能一度业绩还不错，但那只是暂时的，大部分企业早已消失了。

当然，处理器加操作系统的价格只占个人计算机的一小部分，大部分是其他器件（比如内存和硬盘），以及设计、生产和物流的成本等。那么为什么其他企业无法形成这种优势呢？事实上，当时世界上生产内存的公司只有三四家，生产硬盘的主要企业也只有三家，但它们毕竟都有可替代的方案，因此它们定义不了这个产业的技术规范。

今天全世界手机市场的格局基本稳定了。排除自成一体的苹果手机市场，在整个安卓手机市场上，占主导地位的只有提供安卓操作系统的谷歌公司，以及设计处理器的 ARM 公司。它们处在关键路径上，剩下的企业都有可替代方案，因此如果扣除苹果手机获得的利润，全世界手机市场的利润率几乎为零，有些时候还是亏钱的，因为但凡某个环境有利润，上下游厂家就会找到替代方案，让那家有利润的企业让利。

既然处于关键路径上的企业如此吃香，就自然有人会想着取代它们，这种努力从英特尔和微软时代就已经有人在考虑了。但结果是，除非整个产业消失了，否则这种努力就是徒劳的，因为取代关键路径等于推翻整个产业。

几年前，很多人，包括一些企业家和领导干部问我，我们能否开发一款新的操作系统取代安卓。我的回答是，这件事从技术上是可行的，但从商业上是不可能的，也是没必要的，因为推翻安卓就相当于毁掉整个手机和手机互联网产业，然后再重新搭建。今天全世界有265万个App在安卓操作系统上运行，上百万名工程师和软件开发者在这个生态环境中生存。哪怕你能够开发出一款更好的手机操作系统取代安卓，也很难说服几百万从业者跟着你干，更难说几十亿用户放弃已有的使用习惯。此外，安卓操作系统已经和处理器以及主要手机厂家深度结合了，处理器和手机的优化都会考虑安卓的特点，而安卓的升级也会基于它们未来的发展计划，一个新的竞争者要想挤进去，其实比个人计算机时代要难得多。世界上有很多事情可以做，没必要和自己过不去，非要做一件成功率极低的事情。

怎样成为关键路径上的企业

世界上处于关键路径的企业其实有很多，不独有微软、英特尔、谷歌和ARM这几家。比如，全球电子支付系统SWIFT，在美国为大学申请者提供标准化考试的College Board，申请美国大学时使用的门户网站Common App，都处在关键路径上。此外，还有一些企业或者机构，虽然它们的产品和服务存在一定的替代方案，但是替代方案非常少，这些企业可以讲也处在半关键路径上。比如，生产飞机发动机的罗伊尔-罗伊斯、通用电气和普惠,几乎所有的飞机发动机用的都是这三家中的一家。

很多人会把关键路径和垄断相提并论,它们之间虽然有很强的关联性,但是并不能画等号。当一家企业处于关键路径,它通常会希望获得垄断性利润和市场地位,但是也可能为了维持自己的主导地位而放弃垄断利润,比如安卓。反过来,垄断不一定需要处于关键路径,比如一个对并购没有监管的市场,完全可以通过并购和商业默契形成垄断,19世纪末的标准石油公司便是如此。垄断通常不能持久,这不仅是因为当今各国政府都在限制垄断,而且一旦垄断的一方想获得超级利润,而它又不是靠获得关键路径发展起来的,市场的有效性就会让新的企业进入市场。但是获得了关键路径主导权的企业则不同,整个产业都是它的同盟军,只要它不损害上下游的利益,上下游企业就乐见这样的企业存在。这一点,大家从做 App 的厂家对安卓的态度就能看出来。

那么为什么会有关键路径的存在呢?其实这是大众市场不断标准化和模块化的结果。为了理解这一点,我们先来看一个相反的情况。如果不存在大众市场,每一个市场都是小众市场,那么对于所有的产品和服务企业都可以从头做到尾,当然也就没有什么关键路径可言。早期的计算机产业就是这样的。但是，这样的经济形式利用自然资源和社会资源的效率一定是最低的。于是，相似的小众需求就合并成为大众需求，既然是满足大众需求，就免不了分工，有了分工，为了大家更好地相互配合，就需要把各种产品和服务做成模块化的标准件。

世界上最早采用模块化标准件制作工业品的是 19 世纪美国发明家惠特尼，他也是轧棉机的发明者。在惠特尼之前，所有制作工业品的企业都在自己制作零件，这样效率当然很低。于是惠特尼就通过采用标准件的方式，让不同的工业产品可以共享零件的设计和制造，这样造出来的工业品还便于维修。于是标准件成为第二次工业革命的特征之一，而且为了满足特定功能的标准件越做越大，就形成了通用模块。比如航空发动机，就可以被视为一种超大型的标准模块。有了标准模块之后，有的模块比较简单，容易制作，它们就会存在很多的替代方案；有些则非常复杂，甚至只有一两家企业能做好，它们就成为关键路径。

怎样才能培养出关键路径上的企业呢？首先，需要存在一个开放的、模块化的大众市场。如果一个市场上大家都各自为战，所有的路径都是可替代的，就不会有关键路径。其次，这个市场需要充分竞争。因为处于关键路径上的企业都是在竞争中诞生的。如果竞争不充分，市场就会被分割成碎片，就难以产生赢者通吃的结果，自然也就不会有关键路径的出现。如果你注意一下那些处于关键路径上的企业，美国企业居多，这是因为美国的市场是开放而且充分竞争的。那些非美国的关键路径上的企业，也都是到美国市场上参与竞争的。有些人觉得把市场保护起来，就能在保护圈内形成主导某个环境的企业，其实这是违背市场规律的做法。这是一个值得深入讨论的问题，因为篇幅的限制，我们就不展开讨论了。

让自己成为关键路径

不仅企业有关键路径和替代方案之分，人也是如此。我们常听到"备胎"一词，它其实讲的就是替代方案。在一个企业中，绝大部分岗位上的人都能找到替代方案，因此绝大部分人能够拿到的薪水只是全行业的平均值。很多人指望找到一份既轻松收入又高的工作，这其实是一种妄念。假如真存在这样的工作，那么大家一定会趋之若鹜，而当企业发现有了很多替代方案后，就不再需要提供薪酬了，或者会对这个岗位提出更高的要求，结果就是既轻松又赚钱多的职位都消失了。很多人读完大学才发现，自己还没有技校毕业、在工地上开挖掘机的人挣得多，于是心中很是不平。这里面的道理其实很简单，开挖掘机的人对一个工地来讲是关键路径，没有他工地就要停工，而掌握这项技能的人并不多。但是今天普通高校毕业但没有一技之长的可是大有人在，他们每一个岗位的后面都有无数替代方案存在。

很多人到了35岁会陷入中年危机，这也主要是因为他们发现能替代自己的人太多了，生怕被年轻人替代。随着全社会自动化程度的不断提高，今天的工作变得越来越简单，能胜任的人也越来越多，过去要靠十年八年经验才能做好的工作，今天有个三五年的经验就足以胜任了。因此，年轻人挑战中年人是一个不可逆转的大趋势。在这个大趋势中，唯一能够让自己安身立命的，就是设法让自己守住一个依赖经验的关键路径。很多年轻人工作几年就想转领导岗位，其实那些趋之若鹜的领导岗位都有可替代的人选，反而那些需要大量经验的技术专家是不可替代的。凡是大家挤破头都想去做的事情，就不再值得做了，因为即便是好事，也未必轮得到自己。就算轮到了自己，因为可替代性也会让自己的饭碗朝不保夕。

一个人如果能够通过逐渐提升自己的能力占据一个关键路径，便不再会有丢掉饭碗的危机感。不过他能不能成大事还不一定，这要看他有没有大智慧了，这是我们下面要讨论的问题。

做大事和做小事的心态

大智慧这个概念非常抽象,我还是用图论中的两个概念——最短路径和最大带宽来说明一下。我们先来看下面这张图:

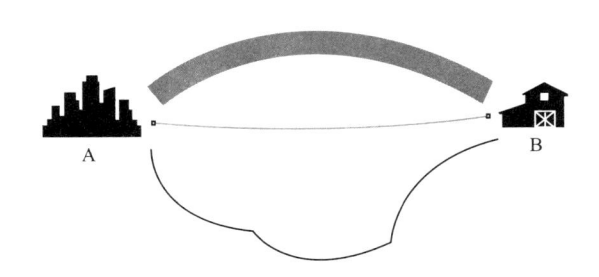

在 A 和 B 两个城市之间有三条路径:中间的最短,就是

所谓的最短路径；上方的最宽，就是所谓的最大带宽路径；下方的既不短，也不宽，显然，下方的路径我们就可以首先排除。接下来上方的和中间的路径该选择哪条呢？我们假设二者的路面同样平整。

对于这个问题，得看是什么人来选。如果是一个步行的或骑车的，他选择中间一条最短的道路就好了，但如果是一支由 500 辆大卡车组成的车队，他们最好选择上面那条带宽最大的道路，因为中间那条小路挤不下那么多车，大家都快不了。

做大事要找到最大带宽

这类问题在工作中我们经常遇到。比如大公司在采购时，未必每一次采购的价格都比精明的小公司低，这倒不是因为大公司负责采购的员工吃回扣了，而是因为它们只能用那些供货量和发货时间都有保障的供货商；而小公司反正采购量小，哪家便宜找哪家，即便供货时间拖了两天，看在省钱的分儿上，也就不在乎了。这说明做大事和做小事其实心态会很不同。如果一个人总是抱持做小事的心态，寻货时眼里只有价格，那么可能就做不成大事。

十多年前有一本书特别火，就是罗伯特·清崎的《富爸爸穷爸爸》。在这本书中，罗伯特·清崎列举了很多"穷人思维"的例子。在穷人思维中，一个大问题是因为觉得自己没有钱，所以眼前每一点省钱的机会都不愿意放过。这样时间一长，眼光就被局限在眼前那一点点利益上了。很多企业在成长初期，节省每一分钱是应该的，而且因为它们体量小，只要花功夫，找到便宜货的可能性总是有的。比如江浙沪一带的小企业，在初期都有这个特点。但是当这些企业成长起来后，如果管理层还是抱着这样的想法做事情，那就可能永远停留在小公司的规模上，发展不起来。能不能找到一条带宽更宽的路，而不仅仅是最短的路，是它们能不能做大事的标志。

当然有人会想，我的企业大了，议价能力强了，不是能够让那些大供货商降价吗？事实上很多时候，你买得多了，价格反而上涨了，因为你改变了供求关系。21世纪初，中国处于高速发展阶段，企业家普遍发现一个现象：中国人在世界上买什么什么涨价，卖什么什么就降价。比如中国大量购买铁矿石、石油和煤炭，这些大宗商品的价格就被炒起来了。这种现象当年在日本经济腾飞时也发生过。这时，企业家的想法不能再是通过谈判或者压价想办法让对方降价，而是通过对冲和保险等方式，让自己以稳定的价格获得长期的供应。做不到这一点，说明思维还停留在做小生意上。今天，如果你看看世界各大航空公司购买燃油的方法就会发现，它们总是要花一点成本锁定油价，这样在油价低的时候少赚点钱，保证在油价高的时候不至于买不起油。

学会找到共同发展的大路

我接触过很多在不同阶段成功的企业家，有些人很擅长把一件很难的事情做成，但是却难以把事业做大；有些人并不善于起步，但是只要别人搭建起一个平台，他们就能把它做大做强。据我的观察，那些难以把事业做大的人喜欢亲力亲为，很善于精打细算，会不厌其烦地过问每一个细节，但是他们不习惯于放权。

我曾经被请去给一家企业把脉，那家企业盈利不错，但是却遇到了发展瓶颈，年销售额在几亿元的规模上徘徊了好几年。我了解了它的管理流程后发现，它的主要问题就在于创始人没有做大企业的思维。比如，当时那家企业已经是年销售额好几个亿的中型企业了，但10万元以上的花销还要兼任首席执行官的创始人批准，他们认为只有这样才能够保证每一笔钱都没有被乱花。他的公司每年要他批准的花销好几百单,几乎每天都有好几笔等着他批准,我和那位创始人讲,你怎么可能有时间了解每一笔花销的细节。他和我讲,100万元以下的花销,到他那里只是走个形式。我说,这就更糟糕了,你没时间了解细节,还替下面的人承担了责任,这会让下属懒政;更关键的是,你成为他们开展业务的瓶颈,如果因为你导致付款不及时,合作方将来的合作意愿无形中就会下降。这位创始人选择的其实就是一条很短但是很窄的道路。他自己觉得找到了一条近路,但是这条路窄得只能他一个人走,大家无法和他一起走,事业自然也就做不大。

后来这位创始人聘请了一位首席执行官,同时把100万元以下的财务权放给了总经理。虽然总经理一定有乱花钱的时候,但是作为一家已经有规模的公司,走一条稍微远一点却很宽的路,比走一条只能一个人通行的路更重要。放权之后,这位创始人把精力放在控制公司各部门的利润率上,而不是看每一笔钱是否花得值得。此后,该公司的运营效率开始有所提高,两年后营业额逐渐攀升,至今增长已经不止10倍了。

在职场上,很多人包括创始人其实都做不到能力随着事业同步增长,他们习惯了走只能一个人通行的小路,无法接受和众多人一同走一条远一点的宽阔大路，最终，他们自己成为事业发展的瓶颈。我过去在提拔业务骨干担任初级管理者时，对每一个人都会强调一件事，就是要尽可能避免看下属做事情不顺眼，自己撸起袖子亲自上。我常和他们说，既然我提拔了你而不是其他同事，就说明你比同组的同事更善于找到别人找不到的近路，这是你的优点。但是那些近路不是大路，不可能全组每个人都走，担任经理后，要善于找到大家都能走的大路，这样大家才能一同前进。

不过说实话，有些人在经过这样的培养后，能够从一个单打独斗的技术专家成为带领大家一同进步的管理者，但是有相当一部分人的想法还是做不到随职级、年龄一同提升，很快他们就会遇到职业发展的天花板。

那么为什么有些人的想法会随着成长而不断提升，有些人则停留在一个水平不再提高，以至影响了进一步的发展呢？很多人觉得是因为有的人不断学习和进步，而有的人成年以后就不愿意再学习了，只要让后者不断学习，这个问题就能解决。其实，有些人成年以后就中断了学习是有原因的，即使他们后来参加了各种继续教育，包括名牌大学的MBA班，很多习惯还是改不过来。比如我在给各个层级的政府工作人员和领导干部讲课时发现，如果是给部级干部讲课，这课就很容易讲，因为他们都会认真听讲，积极参与课堂活动，但是如果是给处级干部讲课，效果就会差很多。比如，他们很多人一直改不掉看手机的习惯，你问他为什么要看手机，他说怕耽误工作。这样的借口很难让人信服，因为他们再忙也忙不过那些部长啊。事实上，眼睛总盯着手机这件事反映出这两类人群之间巨大的差异。那些只能承担处长职务的人，在专注于做好一件事上、在求知欲方面、在对他人的尊重方面，要比同龄的部级干部差得多。

后来我和一些相关领导力培训的专家聊起这件事，他们说，那些年龄很大办事能力却很有限，以及长期努力却难以得到提拔的人，在年轻时人生算法就没有设计好，以后做事一定是事倍功半，再怎么努力都难以突破天花板。关于人生算法的话题，我们下一节再详细分析。

人生算法能够改变吗

"人生算法"在今天是一个时髦词,它应该是由美国的一些社会学家和管理学家发明出来的,但是很多中国人也采用这个说法,包括在得到开人生算法课的老喻。

什么是人生算法呢?我们先说说计算机的算法。计算机要做一件事,就需要按照某一种方法、遵循步骤一步一步地来进行。相同的计算机,做同一件事,有些效率很高,有些则非常慢,这不是硬件本身的差异,而是所采用的算法不同。人也是如此。人天生不会做事情,后来学会了做事情的方法,但是不同的人学的方法不同,于是我们就能看到一个现象:生下来没有太大差异的人,后来做同一件事情会采用不同的方法，得到的结果也是不同的。这就是人生算法对人的支配作用。

潜意识里的行为模式

那么人生算法是如何形成的呢？美国发育生物学家布鲁斯·哈罗德·利普顿认为，一个人的成败和他的生物学特征，也就是长相、身高、智力等，没有那么大的关系，反而是和观念、信仰以及身心健康等非生物特征的关系很大。

利普顿在研究中发现，很多人一生最基本的行事方式其实在很小的时候就形成了。利普顿把这种个人的基本行为模式比喻为"人生算法"。他认为，人的一生都会按照自己的人生算法运行，从而形成人生轨迹，而这个算法的基本框架在每个人很小的时候就大致形成了。

生活中我们会发现，在学校时，有些人各方面的资质和成绩都差不多，但进入社会之后，发展情况却天差地别，而这种差别的形成往往与不同的生活习惯和做事习惯有关。但这样一来我们就要问，为什么资质相近的人会形成如此不同的习惯呢？利普顿所提出的人生算法理论，就可以用来解释这个现象。

人生算法对人的支配作用通常是在潜意识中完成的，而人生活中的大部分行为并不受理性意识的作用，而恰恰受到潜意识的支配。比如我们常听人说，"这个道理我也懂，但我就是做不到"。前半句话是反映他的理性意识没有问题，后半句话则说明，他的行为其实并不受他的理性意识支配。人们每时每刻要处理非常多的信息，在成长的过程中，大脑会逐渐形成一套类似于计算机自动处理系统的行为模式。这种行为模式的特征就是让我们不假思索地行动，通常这样的行动可以给我们带来想要的结果，但也会在很大程度上影响我们有意识的行动，这就是平时所说的"行为倾向"。

比如早上起床，有的人闹钟响了就醒了，很自然就起来了，而有的人则非要赖 20 分钟床才起得来。再比如有的人遇到问题，潜意识里就是想回避，而有的人遇到难题就兴奋。这就是潜意识控制的不同的行为倾向，而不同的行为会带来不同的结果，人生的轨迹也就随之变化了。

接下来就引出两个问题。第一个问题，这些潜意识中的行为模式是如何形成，以及什么时候形成的呢？

按照利普顿的说法，大约就是在 7 岁之前。人在出生之后的几年，大脑就像一个没有装程序的计算机，很多事情都是做不了的。一个人接受教育，其实就是不断地在往脑子里安装各种各样的程序，尤其是7岁之前接受的教育和引导，就像是在为这台计算机安装基本的操作系统——装好了一个个程序，计算机就可以工作了。利普顿的这个观点有点像中国人说的"三岁看小，七岁看老"。

对于利普顿的观点，有一点我们先要提醒大家注意，在这个领域的研究不会有唯一正确的答案。在学界有一些人反对他的观点，反对者主要有两种人，一种人是基因决定论者，他们认为人类生物学的基因在很大程度上决定了一切。今天的研究表明，基因确实会影响人的发展，但是不同的人在基因上的差异其实并不是很大。另外，来自同一家庭的孩子，甚至双胞胎，日后的表现也有巨大的差异，因此基因至少不是唯一决定的因素。另一种人则走到另一个极端，他们认为人在任何时间都是可教育的。这些人也分为两种，一种认为用自己的观点可以左右他人的看法，另一种则是完全相信理性可以解决所有问题。不管怎么样，利普顿的观点至少是被学术界认可的主要观点之一，而且他有大量的实验结果支持自己的观点。

利普顿经过观察和实验发现，孩子在7岁之前的成长阶段，心智发育并没有成熟，他学习的方式主要是单向的观察，而不是像大人一样互相交流。孩子其实并不清楚在这种观察中往脑子里装了什么程序,但是这些程序输入进去后就会逐渐起作用。

比如,一个孩子如果小时候经常看到父亲酗酒,然后打自己的母亲,就会在内心产生一种不安全感,这种不安全感会伴随他很久。再比如,如果他经常看到父母愁眉苦脸,被生活压得喘不过气来,总是说这件事做不成、那件事做不成,就会形成一种对生活的观念——做事情很难。后一个观察结果和罗伯特·清崎的观察结果是一致的。罗伯特·清崎注意到,所谓的富爸爸常常在不经意间让孩子感受到,什么困难都能解决,而穷爸爸则通过"我可付不起"这样的话,让孩子觉得穷人就要不断地放弃自己的想法。

算法如何改变?

了解了第一个问题的答案,大家自然会有第二个问题:如果一个人的人生算法在7岁之前就已经形成了,那在此之后这个"算法"还有可能改变吗?利普顿讲,它是可以改变的,但是有一定难度。具体讲有两种方法可以改变。

第一种方法是求助于心理医生,通过包括催眠在内的各种心理疏导方式慢慢调整。考虑到绝大部分中国人不喜欢看心理医生，因此对大部分中国人来讲，更有效的其实是第二种方法，简单来说就是通过练习形成新的习惯。打个比方，假如你一开始在画布上没有把画画好，想要修改那幅画，那么只能一遍又一遍地用新的油彩覆盖旧的。

利普顿认为，"一万小时定律"虽然是通过统计手段得出的，其实在生理学上也能得到支持。练习的一个作用就是让某种行为从有意识的变成潜意识的。比如我们经常讲，学自行车，学会了就忘不掉了；开车也是这样，最开始学的时候是脑子要想怎么开，后来更多地其实是通过肌肉记忆开车，身体会本能地做出正确的反应。类似地，你打篮球打得熟了，投篮的时候不会进行一大堆有意识的计算，要用多大力气，要以什么角度出手，而是靠所谓手感来控制球。这就是不断重复练习形成的结果。不仅身体技能是这样，脑力技能也是这样。比如，东亚孩子的基础数学通常比较好，那是因为他们经过大量练习形成了解决初等数学问题的感觉。

换句话讲，一个人仅仅在理性上懂得某个道理是远远不够的，还必须将它付诸行动，当行动的次数足够多时便形成了潜意识的习惯，就等于把过去的算法覆盖了。比如，一个爱睡懒觉的人到军队里服役了两年，睡懒觉的毛病通常就改掉了，这相当于他们接受了一种类似一万小时的训练。美国著名的韦尔斯利学院有一个传统——从懒猫到 10 千米跑运动员。参加这项训练的学生需要每天一大早起来跑步，结果 4 年下来，过去再懒、体育再差的学生，也成了生活非常自律、身体非常健康的人。

不过现实的情况是，绝大部分人一开始就没有设置好自己的人生算法，他们甚至不知道自己被充斥着漏洞的算法控制，因此他们虽然努力，却没有什么结果，而且不知道自己的问题在哪里，自然也不会知道要刻意改变人生算法。

所幸的是，今天有很多学者在用科学的方法研究人的思想、行为和习惯，发现人们所存在的问题。我们多读一些这方面的书，学习一些这方面的内容，就不至于有了问题还不自知，最后自己付出了很多努力，却得不到什么效果。

本章小结

创业是对一个人各方面能力的一次全面检验，一个人的所有问题都会在这个过程中被暴露出来。比如，我们所讲到的分不清科学和技术、工程和产品之间区别的问题。当然，大多数人一辈子也不会创业，但是他们的问题会逐渐地，而不是一下子被暴露出来。比如，很多人做事搞错了方向而不自知；很多人很努力，却不知道自己的人生算法一开始就设置错了，他们每天按照自己的习惯做事情，从来没有觉得它是问题；还有一些人把自己束缚在过去的成功中，却不知道过去的成功经验其实并不能让他们在事业上更上一层楼。总之，人要活得明明白白，明白自己的目标是什么，明白自己的人生算法是否支持自己实现目标，然后努力才有意义。

06

理性判断

分清幻象与现实

人类的活动是以对世界的感知为基础的。当一个人感觉到冷时，他会加一件衣衫，感觉到热时，他会脱一件衣衫，但是如果感觉错了，他接下来的行为也会发生错误。

人总是希望自己活得明白，这件事其实并不容易做到。这倒不完全是因为他们的认知能力不够，而是因为他们感知不到真实的世界，久而久之会把幻象当作现实。在现实中，认清幻象和现实有时远比我们所认为的要难得多。比如在 2008 年金融危机之前，伯纳德·麦道夫靠做假账维持了一个巨大的庞氏骗局，欺骗了所有的出资人，而那些出资人要么是投资银行和基金公司，要么是具有丰富金融知识的富豪。要不是麦道夫的儿子出来揭露他，那么多行家都还活在幻象中呢！

不要把幻象当作现实

活得明白的第一步,是要弄清楚表象和现实。轴心时代中西方的大哲学家都意识到区分表象和现实的重要性。《吕氏春秋》中记载了一则关于孔子和颜回的故事。

孔子带着弟子周游列国时,被困在陈国和蔡国之间,很多天都吃不上饭,只能靠喝一些野菜汤来充饥。终于有一天,颜回讨来一些米,回来就煮饭。孔子在屋里休息,看见饭快煮熟的时候,颜回用手伸到锅里抓饭吃。孔子心想,就连颜回在关键时刻也会先想到自己啊。不过他装作不知情,过了一会儿,饭熟了,颜回请孔子吃饭。孔子就故意说:"刚刚我梦见了我父亲,这锅米饭还没动过,我们先拿来供奉一下先人,然后再吃吧。"颜回答:"不行啊,这饭我已经动过了。刚才煮饭时有煤灰掉进了锅里,我把弄脏的饭抓了出来,但是丢掉粮食不吉利,我就自己吃了。"孔子感叹道:"都说眼见为实,但眼见不一定为实。"

这个故事说明,搞清楚事实有时远比我们想象的要难,特别是在考察人的时候。我们在一生中不知道错怪过多少人,又不知道上过多少人的当,究其原因,就是把幻象当作了现实。

但是,即使我们能确认看到了现实,它可能也只是现实的一部分。当我们把它当作全部时,我们的认知就会完全偏离真相。庄子在《秋水》篇中讲了一个井底之蛙的故事。

故事说的是一只青蛙住在一口井里。一天来了一只来自东海的巨鳖,青蛙对鳖说,你看我多快乐啊,可以在井边跳来跳去,也可以在井里的洞中休息,那些虾米、螃蟹、蝌蚪哪个能比得上我?你干吗不常到井里来看看呢?巨鳖于是想进到井里,可井小得连它的脚都放不进去。它对青蛙说,你见过大海吗?其广阔何止千里!其深邃何止千仞!大禹治水之时十年中有九年洪水,也没有使大海水量增加;商汤之时八年中有七年旱灾,海水也没有减少多少。住在东海才是大快乐!井里的青蛙听了惊呆了,方才知道自己所居之地是何等的微不足道。

在这个故事中,井底之蛙看到的都是真相,只不过那些真相只是全部事实中很小的一部分。其实,对宇宙来讲,我们每一个人都是井底之蛙,我们把自己能够观察到的宇宙当作宇宙的全部来了解。在历史上,人们曾经以为天圆地方,大地是平的,后来虽然毕达哥拉斯等人认识到地球是球形的,但是人们却以为地球就是宇宙的中心。即便哥白尼提出了日心说,也不过是把地球这个中心换成了太阳。直到最近的几十年,我们才认识到我们能够观察到的物质只占到了宇宙的5%,对于宇宙其余的部分,我们几乎一无所知。今天我们回过头来看古人,他们真的就像井底之蛙一样;后人看我们,也会有这样的感觉。即便不是对于宇宙,就算对于地球上的各个国家,绝大部分人的了解也非常有限。比如,对以下三个问题,绝大部分人是不知道答案的:

- 世界上最受欢迎的游客来自哪个国家？
- 世界上获得数学最高奖菲尔兹奖最多的是哪个国家？
- 中国最长寿的地区是哪里？

这些答案说出来，大部分人可能会大吃一惊，因为和我们认为的都不一样。

在西方，和孔子、庄子一样，柏拉图也在思考关于幻象和现实的问题。他在《理想国》一书中，借苏格拉底之口讲了这样一个故事。

在一个很长的洞穴里，有一群人面壁而坐，他们的双腿和脖子都被捆住，不能移动也不能扭头。他们的背后是一条马路，马路上车水马龙，喧嚣热闹。马路的另一边是燃烧的大火，火光把马路上的情景和这一排人的影子投到了岩石墙壁上。这些人能看到自己的影子，以及马路上来往穿行的人、车和骡马的影子，也能听到各种声音，因此感觉非常真实。这就是他们理解的世界——墙上黑色的影子和嘈杂的声音。如果问他们人长什么样，我想他们肯定会说，所有人都是黑色的，因为他们理解的人都是一些黑影。

后来，有一个人因为某种原因挣脱了束缚，沿着马路走出了洞穴。他看到了"真实"的世界，见到了阳光，听到了鸟语，闻到了花香，在湖水中看到了自己的样子，他这才知道原来人不是黑色的。他赶快跑回去把这个情况告诉大家。当从光亮处再次进入黑暗的洞穴时，他什么都看不清，只能大声说出自己看到的一切。但是没有人相信他，因为对洞穴里的人来说，他们看到的影像就是最真实、最鲜活的，有声音，有动感，这个从洞穴外回来的人说的东西反而像是幻象。

柏拉图讲的这个故事，比孔子和庄子的故事更复杂。首先，岩洞中的人看到的影子、听到的声音都真实地存在，但是它们依然是幻象。也就是说，幻象可以真实地存在。更有趣的是，由于大家都看到同样的影子，听到同样的声音，他们就达成了共识，这就是真实的世界，以至当有人告诉他们真相时，他们没有像孔子，甚至没有像那只井底之蛙那样认识到自己错了，反而觉得讲真话的人是疯子。我经常讲，如果你在马路上发现所有的车辆都在逆行，那一定是你搞错了，而不是对面的车搞错了。但是在柏拉图的这个故事中，还真是所有的车都搞错了。

柏拉图讲的故事在历史上其实多次发生，至今还以各种形式不断重现。比如西班牙医生塞尔维特，因为提出了血液循环论被视为异端，并被处以火刑。10多年前，专科医生出身的投资人迈克尔·伯里，因为发现了美国次贷问题做空了ADS（美国存托股票），结果被所有投资人谴责。最后他为投资人赚到了巨额的利润，同时也失去了所有的朋友。这个故事后来被拍成了电影《大空头》。可见，在现实生活中，人们常常对了解真相的人不是感激，而是不宽容。

为什么人类总是难以分清幻象和现实呢？这里面有客观和主观两方面的原因。

从客观上讲，我们真的很难看清世界的全貌，更难了解他人真实的想法。为什么我们要"行万里路"呢？就是要尽可能多地了解外部的世界，多接触不同的人。回到刚才第一个问题："世界上最受欢迎的游客来自哪个国家？"根据全世界数千名酒店经理的评选，在新冠肺炎疫情之前的几年都是日本。很多人想不到是这个答案，因为他们在生活中没有接触过几个日本人，对日本人不了解。但是世界这么大，我们要想一点点了解其实很难。

从主观上讲，我们的感官甚至我们的大脑都会欺骗我们。比如，你把左手放到凉水中，右手放到热水中，然后两只手再同时放到同一盆温水中，两只手的感觉就会是一个热一个冷。再比如，我们的眼睛能够看清的角度只有一度角左右，就是你伸直胳膊竖起大拇指时看到的大拇指的宽度。那么为什么我们觉得前方的景物都看清了呢？那是因为我们的大脑合成出了全景图像，我们的大脑甚至把我们实际看到的世界倒影给正了过来。此外，我们的大脑也会欺骗我们。我们常常过于自信，倾向于按照自己的想法去想象一个真实的世界。比如很多申请美国大学的学生家长和我谈起他们的孩子锁定的目标大学，我发现他们无一例外把目标定得过高，而且几乎没有超水平发挥进入他们理想学校的情况。

到 20 世纪，物理学家发现了一个问题，即妨碍我们了解真实世界的更加本质的障碍，就是我们所观察的可能会先影响我们看世界的结果。比如在思维实验"薛定谔的猫"中，猫的死活取决于我们是否看它。在世界经济活动中，这种现象真实存在。比如某个国家会测试一下银行的健康情况，但是测试本身就让很多银行爆雷了，结果原本没有出现的问题真的出现了。

走出认知的洞穴

怎样分清幻象和真实世界呢？在早期的文明中，一些思想家干脆认定所有看到的世界都是幻象，这就会把幻象和现实的问题混为一谈。比如古代印度文明的宇宙观就是如此。在古希腊，柏拉图也提出了类似的观点，就是把现实世界看成理念世界的一个影像。这种思想的确能回避很多问题，甚至能解决很多问题，但它们不是从根本上解决问题的办法。柏拉图还提出通过教育，通过和别人讨论，用理性验证自己的判断。这也能在一定程度上解决问题，毕竟如果在讨论中有人提出了不同的看法，而其他人愿意听他把理由讲出来，然后进行理性的思考，对于搞清楚真相就是有意义的。但是如果整个群体的认知都出现了偏差，也就是所谓的群盲现象，讨论效果必然非常有限。比如，中国古代的士大夫对于政治讨论了几千年，也没有讨论出民主政体，因为所有士大夫的认知都是要有一位君主。

到了亚里士多德的时代，他总结出逻辑学。逻辑是一个很好的过滤器，在讨论时，凡是不符合逻辑的结论都可以被否定。不过，在逻辑上能自洽的结论未必是对的。因为从错误的前提出发，能推导出任何符合逻辑的结论，当然绝大部分是错误的。我们在后面会讲到阴谋论，阴谋论的一个特点就是它的结论貌似有逻辑。在科学革命过程中，伽利略、哈维和拉瓦锡等人否定了过去很多科学结论的办法，就是运用了逻辑学。

到了近代，人们提出了通过实验证实和证伪的方式把更多的幻象识别出来，让我们能够了解世界的真实性。比如拉瓦锡提出氧化说，否定过去的燃素说，就是通过测量燃烧后残留物的质量证伪了燃素说的理论。再比如在进化学说被提出来的时候，达尔文也是通过古生物的化石证伪神创论的。

不过，世界上的很多事情我们是无法进行实验的，需要有其他方式验证真伪。到了二战后，香农提出了信息论，给出了一种区分幻象和现实的新思路。举个例子，我们想要考察一家上市公司是否在财报上造假，只看它的财报是不够的，如果能到一两家具有代表性的门店去数数人头，或者对经常路过门店的行人做一些调查，这些额外的信息就能验证其财报的真假。今天，一些对冲基金就是这样做空公司的。当大部分投资人还生活在梦幻中时，一些积极主动的投资人已经从多个渠道验证了信息的准确性。

我们个人要想避免被幻象欺骗，最重要的一点就是不要过于以自我为中心。很多幻象是我们自己创造出来的，我们越想越觉得有理。比如很多年轻人会上"渣男"或者"渣女"的当，其原因是他们虚构出一个美好的爱情，任凭什么人劝都没用。再比如，2021年中青在线对一年后将要毕业的大学生做了一项调查，有相当多的人期望自己入职月薪能达到5万元，甚至有超过2/3的人认为自己10年后年薪能过百万元，这些人显然生活在自己虚构的幻象中。

不管是幻象还是现实，都远比我们想象的更难判断，所以我们才要随时有警惕之心。人通常有这样一个特点，就是看别人时看得清清楚楚，轮到自己就犯糊涂。这是因为我们评价别人时，喜欢把他们放到真实的世界中去评判，而在评判自己时却虚构出一个虚幻的世界。大家不妨观察一下那些天天发布短视频的人，有几个是生活在真实的世界中的。

那么分清幻象和现实有什么必要性呢？有些人可能会讲，我如果一辈子生活在梦中，岂不是挺好的。在这个世界上，任何梦都会醒的，而梦醒之后，常常面对的是做梦者所承受不了的痛苦。很多人指望炒垃圾股挣钱，他们觉得自己拿到了一个便宜货，并且想象出自己所持的垃圾股被越炒越高的场景，其结果可想而知。

今天还有很多人担心计算机突然有了人一样的智能，然后反过来统治人类。这其实也是把幻象当成了现实。有人会问，我这样多担心一点、多提防一点有什么不对？当人开始担心机器有自主智能时，就忽略了真正操控人工智能背后的人。很多人已经被大公司的数据霸凌欺负得买什么都有价格歧视，连出个门都困难的地步，却还在担心机器有了智能怎么办的事情。这就如同过去的人担心鬼神一样，结果让真正的骗子钻了空子。当你总觉得对面有一群"小鬼"要提防，并且在用机枪扫射他们时，结果身后一个人一枪打中了你。生活在虚幻的世界里，常常就会成为现实世界中的失败者。

精英永远是少数人

虚幻的世界存在于很多人的脑子里,接下来我们就以当下教育产业为例来谈谈这个问题。2015年,我根据在教育上的经验和体会,按照我对好的教育的理解,写成了《大学之路》一书。虽然我在书中反复强调这不是升学指南,但是依然有很多家长把它当作升学指导书来读。在这本书中,我特别强调了通识教育的重要性,指出了国内大学偏科的问题。于是,很多有条件甚至没条件的家长,在读了我的书之后,都希望自己的孩子能够接受各种精英教育,将来成为精英。

看清真实的世界

这种愿望当然是好的，经过努力也有实现的可能性，事实上我身边不少朋友的孩子读了这本书之后进入了名牌大学，初步实现了目标。但是在现实的世界里，大多数人可能成不了精英，这不是因为他们不够努力，而是因为精英永远是少数人，这是不得不承认的事实。因此，对于一个社会，最重要的不是普及精英教育，而是让更多的人能够通过接受教育过好这一生，这才是接受教育的目的。于是我在《大学之路》第二版又加入了一些关于职业教育的内容，特别强调美国高等教育在普及的阶段，各个州立大学发展的其实是职业教育。

不过这一次我的观点并没有得到太多的回应，或许大家都觉得普及性的教育是为别人家的孩子准备的，而自己的孩子将来还是要成为精英的。因此在一、二线城市，家长普遍希望孩子能成为全才，让孩子从小就参加了很多其实未必有用的素质训练。这种做法其实就是先虚构了一个并不存在的世界，即人人能够成为精英。但是，当孩子走向社会时就会发现，不要说成为精英了，就是找到一份理想的工作都不容易。他们如果在学校里花了十几年的时间并没有学到在社会上立足的技能，就更尴尬了。

因此，在讨论大多数人该接受何种教育之前，先要看清真实的世界。

2020年，中国教育界一直在讨论一个话题，就是应该在国家层面对中学生进行比较早的分流，让更多的年轻人在高中后就可以接受职业教育，而不是只有上大学这一条路。对于这种想法我不做评论，不过，相关人士提出这样的想法一方面说明，社会安排不了那么多普通高校的大学生就业，而同时中国又非常缺少高水平的技术工人。不得不说，这就是真实的世界。

不过，几乎没有家长和学生认可对现实世界进行这样的描述，从社交媒体大家的抱怨中就能看出：大部分家长都觉得这是主管教育的官员在剥夺自己孩子的发展机会。他们虚构出一个世界，自认为只要中国社会不断发展，就能解决高端岗位不足的情况。我总结了一下他们给出的理由，大致有以下三个。

第一，中国目前的人均 GDP（国内生产总值）是 1 万多美元，美国是 6 万多美元，中国至少还有 5 倍的发展空间。因此，将来高端岗位应该有很多。

第二，中国的产业在升级，既然是升级，就意味着劳动密集型的工作要减少，知识密集型的工作要增加。

第三，中国是贸易顺差国，说明中国人在世界上有竞争力，因此将来会把一些高端职位拿到中国，比如世界很多大型跨国企业在中国有分公司和研发中心，它们会雇用中国的研发人员，将来中国能够成为全世界高端人才的聚集地。

这三个理由都不是基于事实，而是基于想象。为什么这么说呢？我们不妨看看那些人均 GDP 真的达到 6 万美元的国家的真实情况。

在任何经济体中，需要大学毕业生才能胜任的高端职位的数量，和人均 GDP 都不是线性增长的关系。假设中国的人均 GDP 一夜之间达到了美国的水平，产业结构也和美国差不多，即制造业比重下降，高端服务业比重上升，那么会是什么样呢？我们看看今天的美国就可以了。根据 2020 年和 2021 年美国劳工部公布的数据，在扣除了农业人口之后，美国劳动力的分布情况大致是这样的：

- 技术行业、专业服务和管理岗位从业人口占总劳动人口的 37.3%；
- 制造业以及运输业从业者占总劳动力人口的 20.3%；
- 其他工业和低端服务从业人口占总劳动力人口的 24.2%；

- 办公室文职（包括销售人员）占总劳动人口的 24.2%。

因为上述统计有些重复，比如管理岗位和所有职业都有重复性，因此总数加起来超过了 100%。但即便经过这样的放大，所谓的需要大学毕业的职业和白领职业的岗位加起来也不到四成。

那么美国有多少人读大学呢？在年轻的一代中，即 25~34 岁的人中，美国具有大专以上学历的人是 46%。这样看来，有相当多读过大学的人其实是找不到白领工作的，甚至很多人两年内找不到工作。即便是毕业后找到了白领工作，很多人也是十几年还不清学费贷款。美国大学生人均欠贷额是 3 万美元，不到人均 GDP 的一半。十几年还不上，说明大学毕业后收入并不高，这就是美国的现状。要知道美国的人均 GDP 超过 6 万美元，也无法保证每一个人都能上大学，更不能保证有很多高端岗位。相比其他发达国家，美国由于政治正确的考虑，几乎所有大学都会对一些贫苦的学生（包括非洲裔、拉丁裔和父母没有上过大学的）降低录取要求。这些人通常难以获得对于专业性要求较高的学位，而选择走通识教育的道路，但在找工作时，用人单位需要的却是实实在在的技能。因此虽然很多人接受了高等教育，却对就业没什么帮助。如果中国重复美国的这种错误，其实对个人、对国家都没有什么好处。

对比一下中国当前的情况，年轻的一代中27%有大专以上的学历，但是如果考虑到中国有大约40%的农业人口，而美国只有1%，那么在非农业人口中，中美两国年轻一代接受高等教育的比例其实差不多。也就是说，即便将来中国GDP有大幅提升，对大学生的需求也不会有太大的增长空间。因此，很多人想象的第一个理由站不住脚。

再看第二个理由，即产业升级会带来更多的机会，其实也不成立。我在《智能时代》和《硅谷来信》中都反复讲到，产业升级带来的工作机会要少于因它而失去的工作机会。比如，假如今天电子传媒让传统的报业几乎消失了，虽然创造了一些工程师的就业机会，但是它让更多的媒体编辑失去了工作。很多人觉得将来社会智能化了，机器可以自动创造财富，人类只需要做自己喜欢的事情就行了，因此，人没有技能问题也不大。但现实情况却是，机器创造的财富不会给予所有人，只会给予机器的主人。

第三个理由看似有道理，但其实没有数据支持。虽然中国在产品制造上有优势，在商品进出口上有顺差，但这个顺差几乎是由对美贸易顺差产生的，对世界其他地方基本上是收支平衡的。但是在高端服务业，比如银行、保险、法务和财务咨询方面，中国对美国是贸易逆差，而且每年逆差有上千亿美元。就算中国能够把高端服务业的工作机会都抢到手，那些工作也需要专业人士来完成，相比仅仅接受了通识教育的人，接受专业教育的人更有竞争力。

当然，通识教育依然很重要，但它只对两类人特别有帮助。第一类人是那些志向高远，愿意经过很长时间的努力成为各行各业精英的人。很多人只看到这些人的成就，却无法像他们一样长期付出。如果是这样，还不如一开始就老老实实学好一些技能。第二类人是暂时不需要为温饱发愁的人，或者物质欲望极低的人，比如很多研究学问的人便是如此，这恐怕也不符合大部分人的情况。

相比中国人和美国人，德国人就要现实得多，很多德国人选择不上大学。德国人上大学的（包括大专）比例只有28%。这看似比中国略高，但考虑到德国农业人口非常少，德国大学生在非农业人口中的比例其实远远低于中国。

对教育的误解

德国人选择不上大学，并非家里供不起，而是上了没有用。德国大学生的上学费用极低，因为国家承担了大部分高等教育的费用。但是，即便德国的人均GDP已经达到了4万美元，而且德国是欧洲第一强国，它也无法提供很多所谓的高薪白领工作岗位。因此，很多德国人觉得，与其花很多年时间读一个普通大学的非热门专业，等到毕业工作还没有着落，还不如直接进入职业学校，然后在大公司获得一份薪酬不错的工作。德国人的分流是从初中毕业开始的，一部分人会在技术学校学习几年，等到同龄人大学毕业时，他们已经是有着四五年工作经验的技工了。当然，在中国人的传统观念里，"万般皆下品，唯有读书高"，有人会觉得做技术工人低人一等，但是，当一个社会有大量的人主动选择从事这一类工作，并且经济收入不低时，这种歧视也就慢慢失去了基础。

不仅德国如此，即便是美国，在发展的初期，也鼓励年轻人以掌握技能为主。美国几乎所有的州立大学都是靠1862年的《摩里尔土地拨赠法案》（Morrill Land-Grant Colleges Acts）建立的，也就是说各州政府拿出土地，建立几乎不需要交学费的大学，教授青年农业知识和农业机械知识。当时美国还是一个农业国，又赶上第二次工业革命，用工业化的成果改进农业是现实的需要。这些大学生毕业以后可不是坐办公室,而是到工厂和农庄工作,当时甚至像哈佛大学这样以教授古典拉丁文和希腊文为主的大学,也在学习德国向研究型大学转型。只不过"冷战"之后,美国觉得在世界上没有了对手,技术人才又可以引进,年轻人才变得越来越懒,不愿意下功夫去掌握各种技能了。

对于教育,特别是高等教育,很多人都有一个误解,就是认为接受了良好的教育之后就能解决今后人生的一切问题,如果这个目标达不到,就觉得社会对自己不公平。我们常说,教育能够改变命运,这个看法没有错,但那只是在统计意义上正确,具体到每一个人是否能够如愿,就要看他具体怎么做了。2022年秋天,我回到约翰·霍普金斯大学参加家长日活动,在家长委员会的会议上,文理学院的院长切伦扎是这样讲述他对教育意义的理解的。他说,教育是基础,犹如建筑的支柱,但是你只有几根柱子是没有用的,还是要把房子搭起来。今天很多人觉得有了教育就有了一切,那其实只是一种幻觉。

从柱子的比喻出发,我们再说一下通识教育和技能教育的差异。通识教育相当于给大家很多根不算太高的柱子,在这些柱子的基础上,你能搭出各种形状且漂亮的宫殿,但是工作量非常大,消耗的时间也是非常长的。技能教育相当于给了你4根非常高的柱子，你可以较快地搭出一个四四方方的高楼，这个高楼很实用，但是未必好看。你如果想要把它改造成宫殿，难度是很大的。对没有房子的人来讲，第一步先是要有高高的公寓楼住，而不是花很多时间修宫殿。但不管是哪一种，最后都要落实在建房子上，而不是矗立起几根柱子。光有几根柱子，既不能避风，也不能挡雨。

真相是否能拆穿谣言

我们常说今天是信息时代,的确,今天我们都受益于信息的广泛传播和使用。但是凡事有得必有失,信息在让大家受益的同时也带来一个问题,即虚假信息,包括谣言,会对我们产生严重的危害。它给我们带来的损失常常大于有用信息给我们带来的收益。

美国巴尔的摩大学教授罗伯托·卡瓦佐斯的研究表明,谣言每年会给世界造成 400 亿美元左右的投资损失。这还只是通常的情况,在一些特定的情况下,谣言所造成的损失会大得多。罗伯托·卡瓦佐斯举了一个例子,2017 年,媒体因为报道并不存在的特朗普总统通俄事件的谣言,让投资人在一小时内损失了大约 3400 亿美元。虽然后来证实这是谣言，实际损失有所减少，但是投资人依然有超过 500 亿美元的损失是永久性的，无法弥补。①

我们不得不承认，世界的真相充满了谣言，这颇具讽刺意味，但却是事实。更要命的是，虽然我们总是被告知，一切谣言都害怕真相，当人们了解了真相之后，谣言便不攻自破，但事实并非如此，真相有时候斗不过谣言。我们不妨来看一个例子。

世界上最著名的系统性制造谣言的人，恐怕当属纳粹德国时期的宣传部长戈培尔博士了。20 世纪 30 年代，当收音机还是一个热门新玩意儿的时候，戈培尔就已经注意到它在传播信息上的效率要比发传单等传统方式有效得多，于是他想到用收音机来传播有利于纳粹统治的各种谣言。但是很快戈培尔就遇到两个难题。首先，收音机非常贵，通常价格是 200~500 马克，而当时德国工人的月平均工资只有 70 马克，二战时大家在填不饱肚子的情况下是不会买收音机的。其次，如果每个家

---

① 资料来源：https://www.institutionalinvestor.com/article/b1j2ttw22xf7n6/Fake-News-Creates-Real-Losses.

庭都有了收音机，大家不但会听到谣言，还可能听到英美电台广播的真相。不过，这两件事都难不倒戈培尔，他搞了一个"人民的收音机"工程（Volksempfnger）。根据戈培尔的要求，这个收音机的设计者，科隆大学教授瓦尔特·克斯廷将通常需要六七个电子管的收音机简化到只有三个电子管，也就是只能接收几个中波频道。为了进一步降低成本，克斯廷还把其他锦上添花的元器件都拿掉了。总之，它是为了听新闻的，而不是听音乐的，这样一来，收音机的售价终于控制在了70马克以内，而且它只能收听几个德国电台的广播，根本收不到边境上英美电台的广播。1933年，这种廉价的收音机一出来，很快就卖了几百万台。到1941年苏德战争爆发时，2/3的德国家庭都有了这种收音机。

戈培尔的做法让德国的老百姓从此听到的都是德军一路高奏凯歌。不了解那场战争的人可能会很奇怪，进入1943年之后，德军在前线动辄十几万甚至几十万人被歼灭，后方居然没有出现恐慌，也没有出现反战情绪，依然是一片歌舞升平，这在很大程度上是这种廉价收音机传播的谣言所致的。

不过人总是有好奇心的，你越不让他做的事情，有时他越想做。一些听腻了德国枯燥无味节目的无线电爱好者开始试着改装这种廉价的收音机。他们改变了收音机接收的频率，私加了接收能力更强的天线，这样他们就可以听到边境上英美电台的广播了。为了防止邻居听到动静向盖世太保报告，他们还发明了耳机版的改装收音机。

通过改装的收音机，一些德国人了解到战争的真相，但是少量的真相对人们的影响远抵不上大量的纳粹谣言。《第三帝国的兴亡：纳粹德国史》一书的作者，美国人威廉·夏伊勒当时是驻德国的记者。他在《柏林日记》中记述了这样一件事：一名执行任务的德军飞行员的母亲接到通知，说她的儿子在前线阵亡了。但是几天后，BBC（英国广播公司）公布的德国战俘名单里却有她的儿子。次日，有8个熟人好心地告诉她这个消息，安慰这位母亲，出乎意料的是，这位母亲向警察告发了这些人收听敌台，于是他们8个人全被捕了。

1945年，在纽伦堡审判时，纳粹德国的军需部长阿贝特·施佩尔讲，这种收音机让8000万德国人失去了独立思考的能力。

很多人在听到这个故事后都谴责那位母亲，但是那位母亲在被谣言洗脑了好几年后，已经无法判定什么是真相、什么是谣言了。在当时的德国和日本，像这位母亲一样分不清谣言和真相的大有人在。

那么为什么很多人容易相信谣言而不是真相呢？

首先，我们难以判定信息来源的准确性。比如张三和李四告诉你两个截然相反的结果，在没有更多信息之前，你是无法知道该相信谁的。对此，过去人们的做法是相信所谓主流媒体。但是进入新世纪后，大家对比主流媒体的信息和社交媒体的内容，发现所谓的主流媒体其实也是预设观点的。考虑到社交媒体的内容通常来自不同的人，大家觉得主流媒体或许准确一些。不过到2020年美国大选期间，大家又发现虽然社交媒体上的人可能会提供全面的信息，但是社交媒体的平台却有倾向性。比如2021年国会山骚乱事件因涉嫌"煽动暴力"，推特封掉了特朗普的账号。这样大家就有些无所适从了，虽然特斯拉的老板马斯克当时宣称收购推特后将其变成公平的平台。

其次，人固有的偏见使得人们容易相信谣言。比如很多关于资本的阴谋论的谣言，虽然总有人不断辟谣，但是依然有很多人深信不疑。这是因为很多人需要钱而又缺钱，他们痛恨有钱人，觉得自己之所以没有钱，是因为少数金融寡头控制着全世界的资本。再加上很多人容易产生看似符合逻辑的联想，很多原本不靠谱的事情在他们看来却是逻辑链条非常清新。

1935年，美国发生了一件事。一名叫利诺·里维拉的16岁非洲裔少年在纽约曼海姆区的一家杂货店里偷了一把10美分的小刀，被白人店员当场抓住。这名少年在搏斗中咬伤了店员，于是商店老板招来了警察。警察逮捕了少年，但是在记录下他的信息后就将他释放了。一位非洲裔妇女看到警察带走了少年，大声喊少年被打了。由于店员被咬伤，医护人员乘坐救护车来为店员治疗伤口，大家见了救护车似乎证实了那位妇女的说法。恰巧这时商店门口还停了辆灵车，于是大家想当然地认为少年被打死了。

由于在那个年代确实存在白人欺负非洲裔的事情，因此在一些人的脑子里，前面发生的事情也一定是白人欺负非洲裔，并把人打死了，于是一些非洲裔就组织起来反抗，并且印制了大量的传单散发。大家并没有人分析这件事的真伪，就开始上街砸店，于是爆发了大规模的骚乱，警察怎么也解释不清。最后，他们只好找那个少年现身辟谣。但是少年因为怕有案底，在警察局留下的地址是假的，警察花了一晚上才找到他。等他现身辟谣时，已经有3人被打死、100多人受伤，经济损失巨大。

最后研究表明，谣言满足了一些人的情感需求和社会需求，这一点不能否认。二战期间，美国发现关于战争的谣言危害极大，于是就组织了专家研究谣言传播的问题，并且成立了专门的机构辟谣。当时参与研究的心理学家罗伯特·纳普在1944年发表了一篇重要的研究论文，全面阐述了谣言产生和传播的原因，以及应对谣言的建议。纳普发现，越是在动荡的年代，人们越是希望听到对自己有利的消息，或者惧怕听到对自己更加不利的消息。比如遇到股灾时，大家会希望把不曾有的政府救市计划当作事实来传播；处于恐惧中时，很多人见风就是雨，会把中性的消息添油加醋后当作坏消息来传播。这时，人们首先不是进行理性的思考，而是盲信或者恐惧。

为了证实纳普的研究结论，《生活》杂志在二战期间对上述理论进行了检验。他们在街上随机找了一个陌生人，告诉他波士顿的烟囱可能藏有防空火炮，果然不久这个谣言就不胫而走,这反映出大家在时局极度紧张时需要安全感。

我曾经出于好奇,了解了一下周围人在股市上亏钱的原因,几乎无一例外地和听信谣言有关。当觉得某一只股票好的时候,关于它的任何消息,包括子虚乌有的事情,他们都会当作好消息来解读。当觉得股市要进入熊市时,他们会相信各种传闻,而且都会当作坏消息来解读。虽然媒体上并不缺乏真实的消息,但是那些真实的消息对他们反而不起作用,这时,如果你告诉他们听到的是谣言,他们还会对你产生敌对情绪。

辨别信息真假的有效手段

避免谣言的危害是每一个人必须面对的问题,那么我们该怎样做呢?

解决这个问题要从社会和国家两个层面分别入手。纳普讲,谣言就像鱼雷,只要一发射,它就会自行前进,因此,谣言不会自动消失。另外,否认或者简单删除谣言是没有效果的。很多人觉得,只要封住谣言的传播途径就能够解决问题,其实这种做法是徒劳的,甚至是有害的,因为谣言比真相更容易传播。封住传播的渠道,阻挡的可能不是谣言,反而是真相。

首先在社会层面,有效对付谣言的方式就是提供针对那些谣言的真相。比如，有很多科普作家出版了科普图书，在媒体上发布科普的文章或者相应的内容，这些其实就是从社会层面对抗谣言。美国在二战期间设置了所谓的"谣言诊所"，收集到社会上传播的谣言，然后通过提供真实信息进行辟谣，或者通过增加信息的透明度增强民众对于谣言的免疫力。当时这样的诊所有十几家。大量的社会科学家、妇女团体、大学生主动参与了相关的工作，谣言诊所成为平民直接帮助战争取得胜利的一个重要途径。当时的《犹太退伍军人期刊》（第10~12卷）这样描述他们的做法："主动将谣言曝光，对其进行回复、消毒，比让它像毒药一样传播和造成溃烂要好。"

其次在个人层面，理性思考是对付谣言最有效的手段。比如对于传销，大家有截然相反的两种态度。有的人别人怎么骗都骗不了他，而有的人，你怎么劝，他还是要相信传销会产生奇迹。前者因为能够通过理性思考知道财富不可能凭空产生，而后者不具备这样的能力，他们以为自己看到的、听到的幻象代表了真实世界。大家不要以为学历高的人就能识破传销的把戏，我所知道的一些高学历的人，甚至理工科的博士，也陷入了传销的骗局。他们能够识破简单的庞氏骗局，但是稍微包装一点骗术，就可能让他们深信不疑。

最后，我谈谈自己的两个做法，至少到目前为止，它们对于防范谣言很有效。

第一，对于经常传播谣言，以及容易相信谣言的人，直接"一棒子打死"，不要听他们说的任何话。在美国的法庭上有一个约定俗成的做法，就是撒过一次谎的人，他的证词一定不被采纳。有人可能会说，这一次他说的可能是事实啊。对不起，由于难以甄别他们所说的真伪，只好"一棒子打死"。对于容易相信谣言的人也是如此。我们身边永远有些容易相信谣言的人，他们不是坏人，甚至可以做朋友，但他们的话永远不要听。有人可能会觉得这样就少了信息来源，但今天的世界上从来不缺乏信息来源，接受被污染过的信息比没有信息更危险。

第二，我们常说关心则乱，原本能够理性思考的人，在涉及自身利益时，常常宁愿相信有利于自己的谣言而不是事实。我有一位同学，当年在毕业推研时各种迹象表明他大概率是没有机会了，但是偏偏一些老师和同学不知出于什么目的（可能是怕伤他的自尊心），流露出一切都还没有确定的信息。这种信息毫无根据，和谣言差不多，但因为对他有利，他坚信不疑。结果，别人开始找工作，他却不行动。等到推研没有了指望，他也只能回老家自谋出路了。在投资领域，很多在大型投行工作了多年的投资人，到了金融危机时都挺不过来。虽然事后看他们其实不需要做什么事情，熬过一两年就好了，但是当他们看到自己的财富缩水 1/3 时，就不淡定了，开始打探各种小道消息，想止住亏损，甚至想扭亏为盈，最后一通乱操作让原本只是临时性的亏损成为永久无法挽回的损失。很多人有一个坏习惯，就是遇到麻烦事不直接面对并解决问题，而是立即去打探小道消息，结果原有的问题没有解决，却引出新的更大的麻烦。

在信息时代，谣言一定会伴随着有用的信息，我们难免会受其伤害，但总需要想办法把损失降到最小。最根本的做法就是让自己生活在真实的世界里，而不是虚幻的世界里。

现实世界的复杂性

在虚幻的世界里,我们通常都会把对我们不利的因素过滤掉,但真到了现实的世界里,我们就不得不承认它的复杂性。换句话说,现实的世界是一个复杂的系统。针对这样一个复杂的系统,就需要用系统性的思维方式看待世界、解决问题了。

我们先从系统的复杂性谈起。

假如你在一栋酒店大楼里要部署一个 Wi-Fi(移动热点),某些角落网络覆盖得不好,你只要增加几个 Wi-Fi 转发器就好了。一栋楼里的 Wi-Fi 网络是一个简单系统。如果在一个城市里,某一片居民区入托难、上学难、就医难,那可不是简单盖一些幼儿园、学校和医院就能解决的问题，这里面涉及一系列问题，很多问题可能一开始根本想不到。比如老师和医生从哪里来，盖楼的土地如何腾挪出来。就算找来了医生和老师，他们需要居住，也会增加那片居民区的居住压力。另外，这些人上班、上学或就医都会引起学校和医院周围的交通拥堵，这个问题如何解决。

2018 年，斯坦福大学的新医院落成，我参加了落成仪式。在仪式上，负责项目的主管和我讲了一些有趣的情况。比如楼的高度被严格限制，这倒不是因为成本的考虑和担心地震，而是因为在硅谷中心地区已经相当拥堵了，而当地是无法拓宽道路的，盖太高的楼会增加通勤压力，周围已有的居民和单位就会反对。即便是降低了楼层数，城市还要求医院给每位员工购买通勤月票，让工作人员尽可能乘坐公共交通工具上下班，而不要开私家车。

对比部署一栋楼的 Wi-Fi 网络和在一个城市建设周边设施，大家就能体会到简单系统和复杂系统的巨大差异。如果我们不仅要考虑建设，还要考虑在不使用时拆除，这两类系统的差异就更大了。一个 Wi-Fi 如果不想要了，拿走就好，但是一所学校或者一个医院一旦建好了，整个居民区的格局就改变了，想不要可不是一拆了事那么简单的。

接下来我们来看看简单系统和复杂系统最大的不同点在哪里。

简单系统的特点就是整体等于部分之和。近代笛卡儿等人在研究方法论时有一个基本假设，就是整体等于部分之和。比如我们想要制造一辆家用汽车，就可以把它拆成外壳、载人的座椅、轮子、动力系统和传动系统等模块，这些模块还可以进一步分解。我们把每一步设计出来按照要求做好，组装回去基本上就是一辆汽车了。正是因为汽车有这样的性质，在第二次工业革命时，奥斯莫比和福特才会想到用生产线的方式组装汽车——只要将一堆零件扔进去，组装出来的一定是汽车，而不会是拖拉机或者飞机。也正是因为汽车的这个特性，中国在几十年前工业化刚刚起步时，一些小工厂就通过逆向工程的方式拆了一些汽车，然后照猫画虎做起来，也能生产汽车了。因此，虽然汽车看似很大，有上万个零件，但因为它符合整体等于部分之和的特点，却是一个简单系统。作为简单系统，汽车还有一个特性，就是它每一个零件所拥有的特殊功能不会随着系统的改变而改变。比如轮胎，不可能说在大众汽车上可以使用，到了同样重量和大小的丰田汽车就无法使用了。因此汽车坏了一个零件，更换可以接着使用。可以讲，在整个工业时代，整体等于部分之和这个假设是基本成立的。

但是到第二次世界大战之后，人们就发现很多系统不那么简单了，即整体不等于部分之和，我们难以通过了解每一部分的特性了解整体的特性，而且每一部分的特性似乎又会随着整体特性的改变而改变。最典型的例子就是像蚂蚁和蜜蜂这样的社会，或者人体这样的系统。

在一个蚂蚁社会里，绝大部分成员都是所谓的工蚁，此外还有一些兵蚁、一个蚁后和少量帮助蚁后繁殖的公蚁。它们的智力很低，能力也很有限，但是它们合在一起却能构成一个非常复杂的社会，一同做成很多的大事。我们无法通过研究一只蚂蚁获得对于整个蚁群的知识，也就是说，我们无法简单地按照整体等于部分之和的思路来认识蚂蚁社会。同样，蜜蜂的世界也是一个复杂的系统，它所具有的智力和能力，不是每一只蜜蜂智力和能力的总和。

我们人体本身也是一个复杂的系统。我们知道人体和任何生物体一样，都是由细胞构成的，不同的细胞形成不同的组织，各种组织形成器官，器官构成了我们的人体。这种组成方式看似符合整体等于部分之和的特点，但是，近代生物学和生理学的研究表明，一方面，人体作为一个完整的系统，每个部分都有多重功能。比如手本身的功能是劳动，可以拿东西、搬东西，攻击敌人保卫自己，这是手单独的功能。但是手和大脑结合在一起，还可以作为交流的工具，比如我们会用手打招呼，在不便说话的时候打手势，而聋哑人则靠手语代替发音的语言。另外在社交场合，可以通过手的接触传递信任和友爱信息。另一方面，我们也难以通过每一个细胞的功能，来了解人体各器官整体的工作方式。比如我们无法通过单独脑细胞的生理反应得知大脑是如何思维的。也就是说，人体是一个复杂的整体，它的机能无法通过简单了解每一个局部的功能搞清楚。

既然真实世界里有很多复杂系统，这就要求我们要用系统的方法来看待世界，否则我们在做事情的时候，好的初衷常常会带来坏的结果。2022年，英国女首相特拉斯成为这个国家宪政制度几百年来最短命的首相，她从宣布就职到宣布辞职只有45天的时间。究其原因，就是她制定的一项政策的失误。她原本希望通过减税刺激经济，但是没有考虑到税收在短期内的骤降会让债务上升，从而导致英镑迅速贬值，从企业家到老百姓的利益都遭受了全面损失。这其实就是没有用系统的眼光看待一个经济体的结果。

学会用系统思维看问题

用系统的眼光看待世界，关键是要了解系统的整体性和关联性，让系统做到整体大于部分之和，而不是小于部分之和。我们不妨对比一下当年里根的减税方案和上一节提到的特拉斯的减税方案，就能体会为什么有些时候整体会大于部分之和，有些时候则会小于部分之和。

1981年，美国总统里根上台后，启动了美国当时历史上最大的减税方案。他在当政的8年间，把个人收入所得税中的最高税率从73%降到了28%。照理讲，有人获益就有人亏损，但是里根让几乎所有人都受益了。由于大家收入增加了，国家的税收并没有明显下降，同时伴随着削减了不必要的政府开支，国家的财务状况也有所好转。里根当时能这么做，首先是因为美元的汇率（相比日元和德国马克）处于历史高位，不怕贬值，贬值反而对它的出口有利；其次，当时美国的债务并不高，也不怕短期税收减少过分推高债务；最后，当时美国政府不必要的开支太多，有很大的削减空间。也就是说，从局部上看，里根减税会让美国的税收下降，但是从系统的角度看，整体的净收益是大于零的。

特拉斯所面临的情况则不同。2022年因为受到前面两年多新冠肺炎疫情的影响，老百姓的口袋里已经没有什么钱了，英国的经济也处于一个很虚弱的状态，英镑对美元已经贬到了历史的低点。这就如同一个长期患病的病人需要慢慢疗养，这时来一剂猛药，对于局部（也就是一些企业）具有修复作用，但是对于整体却是损害。

要做到整体大于部分之和，就必须考虑各部分之间的相关性。你经常看到这样一个现象，一些喜欢职业球队的超级富豪在买入一支球队后，会大手笔地购买球星，但是那些球队的成绩却没有什么提升，甚至还下降了。事实上，当球队引入一名主力队员后，原来的战术就可能受影响，有可能往好的方向变化，但更可能往坏的方向变化，因为受影响的人太多。相反，好的球队经理都知道，要通过在各个位置找到最合适，而非个人技术最突出，更非价格最高的球员，才能提高整支球队的成绩。

在任何一个复杂的系统中，各个部分之间多多少少都有一些关联，所以我们不能单独考虑一个部分而不顾及其他部分。但是这样一来，各部分关联起来的可能性特别多，我们就无法搞清楚，即便搞清楚了，我们也难以优化改进。比如一个系统有 5 个相关联的部分，如果每一个部分有 10 种变化的可能性，我们单独考虑它们，只有 $10 \times 5 = 50$ 种可能性，但是如果我们认为它们都是相互关联、不可分割的，就有 $10 \times 10 \times 10 \times 10 \times 10 = 100000$ 种可能性，这样我们就很难搞清楚了。

因此，对于一个复杂系统，我们需要搞清楚哪些部分的关联性紧密，哪些相对较小。对于前者，我们不得不把所有相关联的部分一同考虑；对于后者，我们就要单独处理，尽可能地做简化。在上面的例子中，假如第一、二部分相关联，第三、四、五部分相关联，这前后两组彼此关联较少，我们就应该把它分为两个独立的部分来考虑。我们只要考虑 $10 \times 10 + 10 \times 10 \times 10 = 1100$ 种可能性就可以了，这样就减少了 99% 的工作量。当然，哪些相关的因素需要一起考虑，哪些可以拆开，则和具体问题有关了，而发现它们则属于艺术。

通常人们在一个领域工作的时间久了，就能慢慢掌握其中的艺术。不过，有的人会把所有的部分分开来考虑，这显然是简单粗暴的做法。很多时候不顾及系统的关联性，引起的问题会比解决的问题还要多。还有的人总是把一个问题中所有的因素混在一起考虑，完全理不清头绪，于是便无法着手解决问题。要避免成为这两种人，就需要在工作和生活中培养系统性的思维方式，慢慢学会在维持系统整体性的同时拆解问题。

在系统性思维中，一个重要的方法是迭代思想。

由于解决复杂系统性问题的难度很高，很多时候我们无法一次性解决所有问题，而是需要不断迭代分步骤逐渐解决它。这种工作方法，和一开始就做好了顶层设计，然后按部就班地执行有非常大的差异。在工业时代，很多产品是先设计，再制造，一步完成。虽然这中间需要一些实验，但是基本的过程是确定的，比如一种汽车定型之后不会被天天修改。但是在信息时代，很多复杂的问题需要通过迭代的方式逐步解决，比如今天大部分信息技术公司都是这么工作的。

任何有效的迭代需要两个基本条件，即确定的目标和能够不断获得的反馈信息，在此基础上，才能够根据反馈信息进行调整，慢慢接近目标。为了确保每一次迭代都有所进步，不仅事先设定的目标需要非常清晰，而且每一次改进之后离目标还有多大的距离也需要能够量化衡量。只要不断获得反馈，向着目标调整下一次改进的方向，就能让整个系统不断进化，而且变得越来越好。

当然，完成每一次迭代是需要付出成本的，否则不会有进步。比如一个组织想要进步，就需要投入资金，引进人才；一个生命体要进化就需要有能量的输入；一个国家要想调整经济结构，也需要有财政政策的支持。我们通常把从外界获得的有益输入看成负熵。我们知道，熵会让系统变得越来越无序，而引入负熵可以让系统更加有序、更加完善。

最后，我们谈谈开放性系统和封闭性系统。

有些系统，能够主动接受外来的输入，这些系统被称为开放性系统。通常，一个开放性系统只要确定目标，就能够自我组织、自我管理、自我进化。自然界和人类社会其实都是开放性系统，比如我们前面讲到的蚂蚁社会，就是一个自我组织起来的开放性系统。它不是靠蚁后的智慧进行管理的，而是首先有一个设定好的目标函数，即基因的传承，其次因其开放性，从自然界获得能量，最后形成了自我组织、自我管理。经过一代又一代地迭代，到今天蚁群就显得特别有智慧。很多优秀的企业也是如此，只要把目标设定好，比如把大家的责权利说清楚，各部门就会主动开拓市场、开发新品，并且在工作中相互配合。但如果目标没有设定好，比如老板要把所有的利润拿走，这件事就办不到。

和开放性系统不同的是封闭性系统，即完全是内部循环的系统，固有的问题通常是不会自动解决的，它们每一次迭代都是朝着熵增的方向发展的，最后的结果是退化而不是进化，比如中国古代的各个王朝就是如此。我们今天常常用"内卷"或者"内斗"来形容封闭性系统的问题，这种比喻确实很形象。

系统论是现代社会中一个非常有用的工具，它给我们带来了看待世界、解决问题的新方法，特别是解决复杂问题的新方法。首先，我们要承认存在复杂系统，知道通过总体优化有可能做到整体大于部分之和，而局部优化的结果常常是得不偿失。其次，我们需要对一个复杂系统的内部有所了解，要尽可能地将不相关的部分分解，同时又要保持那些紧耦合部分的相关性。对于很多复杂系统，我们不能指望问题一次性得到解决，也不能期望做一次完美的设计解决所有的问题，而要通过迭代进步的方式解决系统问题。最后，要尽可能地构建开放的、能够自我进化的系统，而不是封闭的系统。

奥卡姆剃刀原则：简单成就高效

面对复杂问题，人们常常会试图用复杂方法去解决，仿佛问题复杂，答案也一定复杂。然而事实上，很多复杂问题反而要用简单的方法去解决，这就是奥卡姆剃刀原则，又被称为简约原则。

奥卡姆剃刀原则今天经常见诸媒体，它最初是由英国14世纪方济各会的修士奥卡姆的威廉（William of Occam）提出的逻辑学法则。根据这个原则，如果有许多组前提假设，每一组都能得出同样的逻辑推理，那么应该挑选其中使用假设条件最少的一组。后来这个原则因为被牛顿不断提及并使用，在哲学界和自然科学界变得尽人皆知。牛顿在他著名的著作

《自然哲学的数学原理》第三卷中开篇就写道:"我们需要承认,自然事物各种现象的真实而有效的原因,除了它自身以外再无须其他,所以,对于同样的自然现象,我们必须尽可能地归于同一原因。"这被看成奥卡姆剃刀原则在科学上的表述。

世界本来就很简单

奥卡姆剃刀原则是符合我们这个世界的本质的。虽然我们的世界看上去非常复杂,但是背后的机理常常很简单。比如,浩瀚无边、丰富多彩的宇宙,其实背后就是四种作用力相互作用的结果,这四种作用力分别是我们所熟知的万有引力(也就是重力)和电磁力,以及我们不太熟悉的强核力和弱核力。它们按照一定的比例存在,然后用很小的基本粒子构成如此复杂的世界。

牛顿认识到世界的简单性是有原因的。在他之前,开普勒提出了行星运动的三个定律,用几个简单的公式终结了人类持续了上千年的地心说和日心说之争,而这两个学说其实都相当复杂。

人类关于到底是太阳围绕地球转还是地球围绕太阳转的争议由来已久,可以上溯到古希腊时期。比如当时阿里斯塔克就提出了日心说模型,另外阿基米德构建的宇宙模型虽然被罗马士兵毁坏了,但是根据当时的描述也应该是有关日心说的。只不过地心说更符合人们的经验,而且经过托勒密精确地描述,它能够和当时观察到的所有天文数据相匹配,因此总的来讲地心说更加深入人心。虽然托勒密是生活在公元2世纪的人,但是他的模型非常精确,以至1000多年后哥白尼的日心说模型还比不上他的。不过,托勒密的模型太过复杂,需要用几十个圆相互嵌套才能把行星运行的轨迹描述清楚,因此几乎没有可以改进的空间。当这个精确的模型用了1000多年后,它所造成的累积误差已经让节气差出了10天,以至格里高利十三世不得不从日历上删除了这10天。哥白尼的日心说模型最初只是采用一种简化的方式来描述行星运动。当他把太阳放在中间来建造模型时,模型就从几十个圆简化成了十几个圆。不过,哥白尼的日心说模型虽然简单却很不精确,这是由于行星围绕太阳运动的轨迹是椭圆,而不是正圆。

到了开普勒的时代,他大胆地提出了一个非常简单的模型,即行星围绕太阳运动的轨迹是椭圆。这个假设和人们的直觉是有偏差的,因为我们在生活中几乎没有见过什么物体做椭圆运动,以至像伽利略这样的大科学家都难以接受开普勒对天体运动的解释。但是开普勒的假设却是对的。开普勒模型最大的优点是它的简单性，只要用一个椭圆就可以把过去几十个圆描述不清楚的行星运动规律讲清楚，而且这个模型还非常准确。

不过，开普勒毕竟不是数学家，也不是物理学家，他无法解释自己的模型，于是这个任务就交给了牛顿。牛顿通过提出力学的三个基本定律，通过他所发明的微积分，用形式上同样简单的万有引力定律解释了为什么开普勒简单的模型是对的。牛顿因此向世人展示，世界的规律在形式上很简单，如果搞出了一个非常复杂的理论，大概率是走错了路。

用简单方法解决复杂问题

奥卡姆剃刀原则不仅是我们对世界的看法，也是我们该有的做事情的方法，简而言之，就是要尽可能地用简单的方法解决复杂问题。我们不妨通过早期计算机发展的历史来看一下，为什么复杂问题需要用简单的方法来解决。

从2000年前开始，人类就试图让机械装置帮助自己解决计算的问题，比如算盘和星图模型就是为了这一目的发明出来的。但它们都不能算是自动计算的工具，它们需要人的干预才能工作。1642年，法国数学家帕斯卡发明了一种能自动计算加减法的计算器，这种计算器非常简单。此后，大数学家莱布尼茨花了 40 年时间改进了计算器，发明了能做乘除法和乘方的计算器，这种计算器就复杂很多了。此后，人类不断改进计算器，随着它们的功能越来越强大，计算器本身也越来越复杂。

到 19 世纪，机械工业的发展需要进行大量复杂的计算，比如三角函数的计算、指数和对数的计算等。进行这些计算，就要用到微积分了，但是利用微积分解决上述问题，计算量极大，而且当时除了数学家，一般人是完成不了那些计算的。为了便于工程师在工程中和设计时完成各种计算，数学家设计了数学用表，这样工程师就可以从用表中直接查出计算的结果。

不过，用手算出来的数学用表错误百出，给生产和科学研究带来了很多麻烦。为了解决这个问题，英国科学家巴贝奇就想到设计一种能够计算微积分的计算机——差分机，然后用它来计算各种函数值，得到一份可靠的数学用表，这样全世界都能用正确的数学结果来解决问题。

巴贝奇花了 10 年时间，造出了一台有 6 位精度的小型差分计算机。随后巴贝奇用它算出好几种函数表，用于解决航海、机械和天文方面的计算问题。但是，6 位精度并不能满足当时很多工业制造的要求，于是巴贝奇打算再做一个高精度的、20 位的差分计算机。

但是，巴贝奇努力了一辈子，花光了自己的钱（他继承了大约 10 万英镑）和英国政府的资助（1.7 万英镑），也没有完成这项工作。当时拜伦的女儿阿达也参加了这项工作，她和巴贝奇一样投入了巨额的财产和一辈子的时间。巴贝奇和阿达失败的原因一方面是因为他们设计的那台差分机太复杂了，里面有包括上万个齿轮在内的 2.5 万个零件，而且当时的加工精度也达不到要求。但更本质的原因是，巴贝奇并没有真正理解计算的原理，他不懂得复杂的计算无法通过把机器做得更加复杂来完成，而是要用简单的计算单元来实现。

半个多世纪后，一位叫楚泽的德国工程师，在资金更加缺乏的情况下，居然一个人制造出一台可以编程的、能够进行包括差分在内各种复杂计算的计算机。楚泽成功的原因在于，他不自觉地采用了奥卡姆剃刀原则，他用简单的二进制计算来解决相对复杂的十进制计算问题。而对于二进制的计算，他从英国数学家布尔的论文中得到了启发，采用了很多简单的模块来实现各种二进制计算。几乎就在同一时间，香农证实了所有复杂的计算都是用非常简单的模块实现的，而图灵则提出了实现这些运算的通用方法。直到今天，虽然计算机功能强大，其实在原理上并不复杂。但是，也正是因为它在原理上不复杂，很多外行和"半瓶子醋"的计算机从业者，就觉得自己能够通过把计算机做得更复杂实现更多的功能，这又走错了路，因为他们违背了奥卡姆剃刀原则。

不仅在科技上奥卡姆剃刀原则是金科玉律，而且在人类的经济活动以及社会活动中也是如此。很多现象背后的原因并不复杂，如果我们需要通过很复杂的原因才能解释一件事情，那么我们通常找错了原因、搞错了方向。

比如，2020年全球新冠肺炎疫情期间，美联储进行了量化宽松，其实原因很简单，大家被封在家里无法上班，无论是低收入者还是中小企业都需要救助。但是，总有人会找一些非常复杂而牵强的理由来解释这个原本很简单的逻辑，比如有人认为美国通过发行货币把世界的钱抽干，然后虚构出一个看似合理的证据链。但事实上，由于当时美国超发了货币，美元严重贬值，美国的整体财富并没有增加，更不要说把全世界的钱抽干了。等到2022年，美国因为连续两年超发货币造成了通货膨胀，美联储开始通过加息的方式减少货币供应，抑制通货膨胀，这里面的因果关系也很简单。但是，又有人觉得这是美国吸收世界各国存款的方式。其实通过加息对抗通货膨胀是美联储早就多次采用的方法，没有那么多复杂的原因。至于一些国家的热钱流向美国，那就是为了套利，属于资本的基本属性，而不是像很多人以为的那样有什么阴谋。事实上，美联储加息也是没有办法的办法，它带来了一个严重的负面影响，就是经济发展放缓，很多大公司利润减少。稍微具有一些理性头脑的人都会明白，美联储做量化宽松和量化紧缩这两个截然相反的动作，不可能抽干全世界的财富。可见，过度解读很多现象就会找到错误的原因、得到错误的结论，最后损失的是自己。

识破阴谋论的武器

今天，世界上信息过载，很多信息是不准确的、自相矛盾的。任何人在接收信息做判断之前，用奥卡姆剃刀原则过滤一下所接收信息的准确性，就能变得聪明和智慧一些。但是，世界上总有一些人喜欢把问题往复杂想，觉得越复杂的理由越合理，甚至一些人会相信最复杂、最不合理的阴谋论，这样的人占人口的比例远超我们的想象。

在 2020 年新冠肺炎疫情期间，比尔·盖茨在抗击疫情方面表现非常积极，但是这也让他成为欧美阴谋论攻击的目标。当时有个常见的版本是，新冠病毒就是比尔·盖茨制造的，目的是实现对人类的大规模控制。他们认为，盖茨通过研发疫苗，趁机把微型芯片注入美国人的体内，监视人们的一举一动。《纽约每日新闻》之后还做了一个民调，发现美国有超过 10% 的人表示坚决不会使用比尔·盖茨投资研发的新冠疫苗，因为他们担心被植入微型芯片。在欧洲，很多反疫苗的人也相信这一类的说法。

不仅是美国人和欧洲人，世界各国都有很多人会相信各种不靠谱的阴谋论。这些阴谋论的核心命题都差不多，无外乎我们的生活被少数神秘的力量控制了，比如美联储的阴谋、共济会的阴谋、犹太人的阴谋，当然还有像盖茨这样富豪的阴谋。每当世界上出现流行性疾病、经济衰退、战争、恐怖袭击等灾难性事件时，就会有人虚构一些神秘的力量，然后再构造一个很长的逻辑关系链，让人不容易在逻辑上驳倒他们，然后相信他们。其实，那些灾难都是由一些很直接的原因造成的。

和阴谋论类似，今天很多人还喜欢编造所谓"下一盘大棋"的说法。明明把事情搞砸了，却总会有人出来讲那是在"下一盘大棋"。但是那些"大棋"的结果最终也没有发生，而在此之前，会有无数人相信"大棋"的存在，并且以后还会相信。

相信这些阴谋论或者所谓的"大棋"有什么危害呢？对国家而言，它可以伤害一个群体甚至破坏社会秩序；对个人而言，它可以让人们失去对他人的信任，同时对真正的危险疏于防范，甚至沦为散布阴谋论者的工具。

无论是阴谋论还是"大棋"，大部分人很难从逻辑上驳倒它们，因为它们通常无可证伪。而识破阴谋论最好的武器就是奥卡姆剃刀原则，但凡不符合这个原则的理由，通常都站不住脚。

因此，奥卡姆剃刀原则不仅是我们这个世界的一个规律，也应该是我们做事的方法，以及我们判断是非的原则。符合奥卡姆剃刀原则的原因常常是真实的，那些复杂的阴谋论则是幻象。

「本章小结」

准确判断世界的真实性，是人们一辈子要学习的课程。人只有当自己能够认清现实、真正面对现实时，才可能解决生活中的所有难题，获得自己想要的生活。在现实世界中，人先要学习谋生的技能，逐渐掌握解决复杂问题的方法，但需要记住的是，复杂问题通常需要用简单的方法来解决。